INHALT

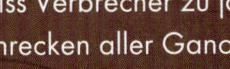

Die **Meeresperle** ist ein alter Kutter und Treffpunkt der Piranha-Piraten. Von hier schwärmen die drei Detektive wie gefährliche Piranhas aus, um mit Biss Verbrecher zu jagen. Wagemutig wie Piraten sind sie der Schrecken aller Ganoven!

DIE PIRANHA-PIRATEN

Lena hat Augen scharf wie ein Adler und einen großen Sinn für Gerechtigkeit. Oft gehen ihr die Ermittlungen nicht schnell genug voran. Schumacher, ihre Rennmaus, ist blitzschnell und liebt Kekskrümel.

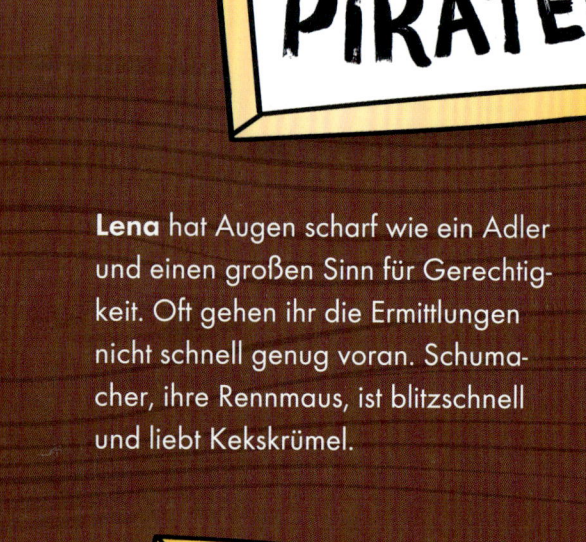

LENA

Lenas Zwillingsbruder **Leon** recherchiert am liebsten im Internet. Er ist nicht leicht aus der Ruhe zu bringen und hat immer einen witzigen Spruch auf Lager.

LEON

LYDIA HAUENSCHILD

FINDEST DU DIE SPUR?

DIE GERAUBTE PERLENKETTE

Illustriert von Joachim Krause

Loewe

Bisher in der Reihe *Findest du die Spur?* erschienen:

Die gestohlene Jacht

Der große Brand

Spuk im Burgturm

Die geraubte Perlenkette

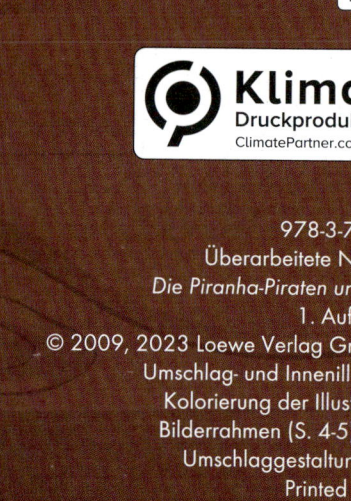

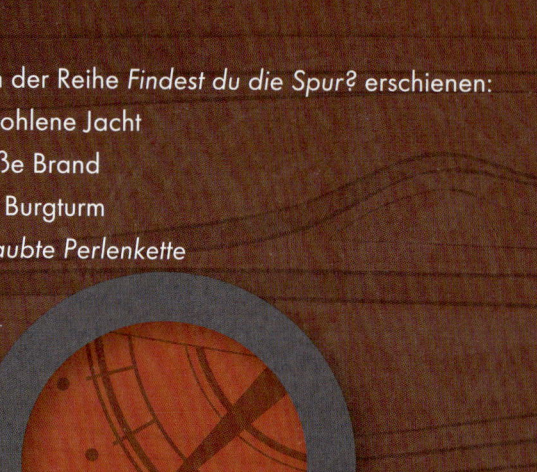

978-3-7432-1567-2
Überarbeitete Neuausgabe des Titels
Die Piranha-Piraten und die geraubte Perlenkette
1. Auflage 2023
© 2009, 2023 Loewe Verlag GmbH, Bühlstraße 4, D-95463 Bindlach
Umschlag- und Innenillustrationen: Joachim Krause
Kolorierung der Illustrationen: Sören Fuglsang
Bilderrahmen (S. 4-5) designed by freepik.com
Umschlaggestaltung: Johanna Mühlbauer
Printed in Germany

www.loewe-verlag.de

TILL

Till kommt Verbrechern durch kluges Kombinieren auf die Schliche. Und er kennt viele Tricks aus Krimis!

Henning ist Polizist, steht den Piranha-Piraten mit Rat und Tat zur Seite und übernimmt, wenn es brenzlig wird.

HENNING

KNUT

Dem alten Seebären **Knut Jensen** gehört die *Meeresperle*. Er ist Hennings Onkel – und ein großer Fan der Piranha-Piraten!

DIE TIERFÄNGER SCHLAGEN ZU
1. SPURLOS VERSCHWUNDEN

Lena und Leon fegten gerade den letzten Sand vom Deck, als Till über den Strand der großen Bucht gerannt kam.

„Tschuldigung, Leute! Meine Mutter hat mich noch Vokabeln abgefragt, vorher konnte ich nicht weg", stieß er atemlos hervor. „Und dann rief mittendrin ausgerechnet ihre beste Freundin an und heulte ihr die Ohren voll, weil Diva verschwunden ist. Das hat echt ewig gedauert!"

„Schon gut", entgegnete Leon vom Kutter herab.

„Es liegt sowieso nichts Dringendes an", ergänzte seine Zwillingsschwester. Sie runzelte die Stirn. „Aber wer ist bitte Diva?"

„Eine verwöhnte Katzendame", erklärte Till. „Sie ist seit einer Woche weg. Trotz Leckerlis im Napf."

„Vielleicht ist sie überfahren worden", vermutete Leon.

„Mamas Freundin hat alle Straßen abgesucht. Fehlanzeige."

„Na, ein Glück." Lena drehte ihre Nase in den Wind, um sich die Haare aus dem Gesicht pusten zu lassen – und kniff plötzlich die Augen zusammen. „Sag mal, Till, weißt du eigentlich, wie das Kätzchen aussieht?"

„Diva hat silberfarbenes Fell, ganz ohne Streifen. Warum?"

„Weil dann außer Diva noch eine andere Katze im Ort gesucht wird", antwortete Lena.

Was hatte Lena entdeckt?

2. EIN VERMISSTER KATER

Die Piranha-Piraten liefen zu dem Plakat, das Lena an einem Strandkorb entdeckt hatte.

„Deine Adleraugen möchte ich haben, Lena", staunte Till. Er betrachtete das Suchplakat. „Vom Kutter aus hätte ich nie erkannt, dass die Katze hier auf dem Bild nicht Diva ist, sondern ein gestreiftes Fell hat. Schaut mal, sogar der Schwanz ist bis zur Spitze gestreift."

Leon studierte den kurzen Text. „Der Kater hier heißt Cäsar." Er stutzte kurz. „Ach, das ist ja interessant: Cäsar wird auch seit einer Woche vermisst."

„Tatsächlich?" Lena lehnte sich nachdenklich gegen den Strandkorb. „Das ist irgendwie komisch, oder? Ich denke, wir sollten nach den Tieren suchen", schlug sie vor.

„Super Idee!", war Till sofort Feuer und Flamme. „Endlich mal wieder ein neuer Fall."

„An mir soll es auch nicht scheitern, Schwesterherz. Aber was sagt dein Schumacher dazu, wenn wir ausgerechnet nach Katzen suchen wollen?" Leon zupfte sich grinsend am Ohr. „Wo steckt er überhaupt? Ist er noch auf dem Kutter?"

Lena schüttelte den Kopf. „Quatsch. Der ist natürlich an seinem Lieblingsplatz."

Wo steckte Schumacher?

3. ZEUGENSUCHE

Behutsam griff Lena in ihre Bauchtasche, hob die kleine graue Rennmaus heraus und fütterte sie mit einem Kekskrümel.

„Du weißt genau, dass Schumacher schneller ist als jede Katze", antwortete sie ihrem Bruder.

„Wenn er weiter so viel frisst, bald nicht mehr", witzelte Leon.

„Blödmann", murmelte Lena.

Till hob die Augen zum Himmel. „Na wunderbar!", seufzte er theatralisch. „Ich denke, bevor ihr euch weiter so lieb habt, sollten wir besser mit unserer Arbeit beginnen."

„Ganz meine Meinung", stimmte Lena zu.

Auch Leon war einverstanden. „Am besten ist es wohl, wenn wir zuerst die Freundin deiner Mutter besuchen, Till", schlug er vor. „Damit sie uns genau erzählt, wie ihre Diva verschwunden ist."

Till schüttelte den Kopf. „Das kannst du knicken. Mamas Freundin kann Kinder nicht ausstehen. Wahrscheinlich würde sie uns nicht mal ins Haus lassen."

Einen Augenblick schwiegen die Freunde ratlos.

Doch plötzlich hellte sich Lenas Gesicht auf: „Ich weiß, wen wir stattdessen befragen", meinte sie grinsend.

Auf wen wurde Lena aufmerksam?

4. EINE ÜBERRASCHENDE ENTDECKUNG

In einiger Entfernung lief ein älterer Herr über den Strand.
„Seht ihr die Plakate in seinen Händen?", fragte Lena.
Till nickte. „Das ist bestimmt der Besitzer des vermissten Katers",
kombinierte er. „Nichts wie hinterher!"
„Keine Panik", sagte Leon. „Auf dem Plakat steht seine Telefon-
nummer. Wir könnten auch anrufen."

Von den Dünen aus beobachteten die drei, dass der Mann den
Weg zur nahen Siedlung einschlug. Sie folgten ihm und erreich-
ten nach fünf Minuten die ersten Häuser.
„Guckt mal. Hier hängen an den Bäumen und Zäunen noch
weitere Suchplakate", wunderte sich Till im Vorbeilaufen. „Die
sind mir bisher gar nicht aufgefallen."
„Stimmt. Wir haben einfach nie darauf geachtet", meinte Lena.
„In Zukunft müssen wir aufmerksamer sein." Sie stoppte. „Schaut,
unser Katzenfreund hat sein Haus erreicht."
Der Mann schloss gerade die Tür auf, als eine gestreifte Katze
aus dem Gebüsch stolzierte und freudig um seine Beine strich.
„Da ist Cäsar ja wieder", raunte Leon enttäuscht.
„Nein, das ist nicht das gesuchte Tier", widersprach Lena.

Was fiel Lena auf?

5. GUT BEOBACHTET

„Jetzt fällt es mir auch auf", gab ihr Leon recht. „Die Katze hier hat eine weiße Schwanzspitze."

Die drei Freunde traten an den Gartenzaun heran.

„Guten Tag, Herr Weber!", rief Till, denn er hatte den Namen am Briefkasten gelesen. „Wir haben eines Ihrer Suchplakate gesehen und wollen Ihnen helfen, Ihren Kater wiederzufinden!" Erschrocken flüchtete die Katze in den Garten und Herr Weber kam langsam zur Pforte zurück. „So, so. Helfen wollt ihr." Er legte den Kopf schief. „Und wer seid ihr, wenn ich fragen darf?"

„Wir sind die Piranha-Piraten", antwortete Till. Die Zwillinge nickten zustimmend.

„Ja, wir gehen mit Biss auf Verbrecherjagd", erklärte Leon.

„... und sind der Schrecken aller Ganoven", ergänzte Lena.

Herr Weber lächelte kurz. „Ach, ihr seid Detektive. Na, dann kommt mal herein."

Die Piranha-Piraten folgten ihm ins Haus.

„Wie viele Katzen haben Sie eigentlich, Herr Weber?", fragte Lena, als auch drinnen eine Katze um die Ecke bog.

„Mit Cäsar sind es zwei", antwortete Herr Weber. „Das hier ist Cleopatra, die mich draußen schon begrüßt hat. Als Detektive findet ihr sicher schnell heraus, wie sie vor uns ins Haus gelangt ist."

„Vielleicht kann sie durch Wände gehen", scherzte Leon.

Wie war die Katze ins Haus gelangt?

6. EIN SCHLIMMER VERDACHT

Die Piranha-Piraten lachten, als Cleopatra mit hocherhobenem Schwanz zur Katzenklappe stolzierte – so als wollte sie den Detektiven die Lösung zeigen.

Herr Weber bot Till und den Zwillingen Apfelsaft an und alle machten es sich im Wohnzimmer gemütlich.

„Ihr müsst wissen, dass Cäsar gerne herumstromert", begann Herr Weber zu erzählen. „Durch die Katzenklappe kann er hinaus, wann er will. Aber zum Frühstück kommt er immer nach Hause. Bis Donnerstag vor einer Woche." Herr Weber guckte traurig. „Es kann ihm so viel zugestoßen sein. Vielleicht hat er in einem Schuppen Unterschlupf gesucht und wurde aus Versehen eingesperrt. Es könnten ihn allerdings auch Tierfänger erwischt haben."

„Sie meinen solche Kerle, die Haustiere fangen und für Tierversuche verkaufen?" Lena sprang auf. „Darüber habe ich in der Zeitung gelesen. Das ist so fies, was die machen!"

„Stimmt. Leider gibt es aber noch immer Labore, die für eingefangene Tiere Geld bezahlen", sagte Herr Weber. „Seriöse Labore nehmen solche Katzen oder Hunde dagegen nicht an."

„Ist Cäsar eigentlich genauso gekennzeichnet wie Cleopatra?", wollte Till wissen.

Welche Kennzeichnung meinte Till?

7. EINE ERSTE SPUR

„Ja, auch der Kater ist am Ohr tätowiert", antwortete Herr Weber. „Jedes Labor könnte über die Nummer feststellen lassen, wem er gehört."

Allmählich wurde es spät und die Piranha-Piraten mussten nach Hause.

„Viel Erfolg!", wünschte ihnen Herr Weber zum Abschied. „Mir würde ein Stein vom Herzen fallen, wenn ihr Cäsar gesund und munter zurückbringen würdet."

„Wir werden uns alle Mühe geben", versprach ihm Lena und machte sich mit den Jungen auf den Heimweg.

Gleich an der nächsten Straßenlaterne betrachteten die Freunde eines der Suchplakate, die ihnen bereits auf dem Hinweg aufgefallen waren.

„Wir sollten uns auch um diese Fälle kümmern", meinte Lena. „Wenn wirklich Tierfänger hinter dem Verschwinden stecken, helfen uns die Plakate bestimmt weiter."

Doch keiner der drei hatte etwas zum Schreiben dabei.

„Dann nehmen wir die Zettel mit", entschied Leon. „Soll man zwar nicht machen, aber es ist ja für einen guten Zweck."

Kurz darauf hielten die Piranha-Piraten sechs verschiedene Plakate in den Händen.

„Also, eine Sache sehe ich jetzt schon", sagte Till.

Was hatte Till bemerkt?

8. WICHTIGE RECHERCHE

Leon überlegte kurz. „Du meinst, dass die Tiere immer gegen Ende eines Monats verschwunden sind?", fragte er.

„Richtig." Till rollte die Plakate zusammen. „Das schau ich mir zu Hause noch genauer an, okay?" Die Zwillinge nickten.

„Und wir machen uns im Internet schlau, wie Tierfänger genau vorgehen", beschloss Leon.

Am nächsten Morgen hatten sich die Piranha-Piraten auf dem Schulweg viel zu erzählen.

„Tierfänger arbeiten mit Lockstoffen. Zum Beispiel mit Baldrian. Danach sind Katzen ganz verrückt", berichtete zuerst Leon. „Die Kerle halten nachts mit einem Auto voller Käfige, kippen das Zeug aus und schnappen sich die angelockten Tiere."

„Aber sie nehmen fast nie alle Katzen mit", fügte Lena hinzu.

„Damit es nicht so auffällt. Wenn in einer Gegend zu viele Tiere auf einmal vermisst werden, würde die Polizei stutzig werden."

„Raffiniert", meinte Till – und schmunzelte. „Trotzdem weiß ich schon jetzt, wo die Tierfänger das nächste Mal zuschlagen."

„Erzähl!", riefen Lena und Leon wie aus einem Mund.

Till zog einen kleinen Stadtplan aus der Tasche. „Hier habe ich die Adressen markiert, die auf den Plakaten standen. Die Dreiecke stehen für März, die Kreise für April und die Kreuze für die letzten Fälle im Mai. Was fällt euch auf?"

Was hatte Till herausgefunden?

9. BLITZSCHNELL KOMBINIERT

Die Täter gingen nach Straßen vor, so viel wurde den Zwillingen klar.

„Dabei überspringen sie jeden Monat vier Straßen", erläuterte Till. „Und zwar in Richtung Osten."

Lena fuhr mit dem Zeigefinger über den Plan und zählte: „... drei, vier." Sie stockte. „Dann sind die Tierfänger das nächste Mal ja in der Goethestraße! Da wohnen wir!"

„Treffer", sagte Till. „Und deshalb werde ich in der letzten Juniwoche auch bei euch überna – "

„Ja, wir lauern den Kerlen auf!", fiel ihm Lena begeistert ins Wort. Leon nickte. „Wir fragen einfach unsere Eltern, ob du die ganze Woche bei uns schlafen kannst."

„Müsst ihr gar nicht", antwortete Till. „Und wenn mich Lena nicht unterbrochen hätte, wüsstet ihr auch schon, warum."

„Warum?", fragten die Zwillinge.

„Weil ich gestern Abend noch was herausgefunden habe." Till fischte einen Kalender hervor und hielt ihn Lena und Leon unter die Nase.

Was war Till aufgefallen?

10. AUF DER LAUER

Lena zog die Stirn kraus. „Du hast die Tage umkringelt, an denen die Katzen von ihren Besitzern vermisst worden sind. Das war immer ein Donnerstag."

„Dann übernachtest du also vom 24. auf den 25. Juni bei uns, Till", stellte Leon fest.

Lena seufzte. „Und was machen wir bis dahin?"

„Wir füllen unsere Detektivkasse auf", schlug Leon vor. „In den nächsten Tagen soll gutes Wetter werden. Da können Mama und Papa bestimmt Hilfe gebrauchen. Strandkörbe sauber machen und so."

„Ein Glück, dass euren Eltern der Strandkorbverleih gehört", meinte Till grinsend. „Das ist die perfekte Einnahmequelle."

Drei Wochen später lagen die Piranha-Piraten im dunklen Zimmer der Zwillinge auf der Lauer. Vom Fenster aus bot sich ein guter Blick über die Goethestraße. Lena fütterte Schumacher gerade mit einem Apfelstückchen, als die Zahlen des Digitalweckers auf 23:00 Uhr sprangen – und am Ende der Straße zwei Scheinwerfer um die Ecke bogen.

Das Auto hielt direkt unter dem Fenster der drei Freunde.

„Sind das die Kerle?", flüsterte Till aufgeregt.

Lena guckte durch ihr Fernglas. „Ja, ganz sicher", wisperte sie zurück.

Warum war sich Lena so sicher?

11. AUF FRISCHER TAT

„Auf dem Rücksitz liegt eine Flasche Baldrian", erklärte Lena. Zwei Männer stiegen aus. Sie sahen sich misstrauisch nach allen Seiten um, ob jemand sie beobachtete, legten dann eine Wolldecke auf die Straße und kippten die Baldrianflasche darauf aus.

Es dauerte nicht lange, da kamen die ersten Katzen angelaufen. Miauend rollten sie sich auf der Decke. Die Tierfänger mussten nur noch zugreifen.

„So eine Gemeinheit!", zischte Lena empört. „Wir müssen die armen Tiere retten!"

„Und wie?", fragte Leon leise zurück. „Schaut euch die kräftigen Kerle an. Gefangen nehmen können wir die nicht. Und wenn wir sie jetzt nur verjagen, erfahren wir nie, wo Diva, Cäsar und die anderen Tiere stecken."

„Wir könnten sie verfolgen", raunte Till.

„Mit den Fahrrädern? Damit sind wir zu langsam." Lena schob Schumacher sanft von ihrem Schreibblock. „Aber wir merken uns genau, wie die Typen aussehen. Und ich schreibe Fahrzeugtyp, Farbe und Kennzeichen auf. Auch, wenn das Nummernschild vermutlich gestohlen ist."

Nun spähte Till durch das Fernglas. „Selbst wenn es geklaut sein sollte: Das Auto erkennt man überall wieder." Er musste kichern. „Die Tierfänger scheinen grottenschlechte Autofahrer zu sein."

Worauf spielte Till an?

12. BRAUCHBARE HINWEISE

Gleich darauf las Lena vor, was sie im Schein der Taschenlampe notiert hatte: „Dunkelblauer VW-Kombi, älteres Baujahr. Delle auf der Motorhaube. Kratzer an der Fahrertür. Auf der anderen Seite abgerissener Seitenspiegel."

Die Tierfänger waren mit ihrer Arbeit fertig. Sie packten die Decke ein, verjagten einige Katzen, die nicht mehr in die Käfige gepasst hatten, und fuhren davon.

„Wie mich das ärgert, die Kerle abziehen lassen zu müssen!" Lena reckte sich gähnend.

„Immerhin wissen wir jetzt, dass Tills Berechnungen stimmen", sagte Leon.

Till zog die Augenbrauen hoch. „Hast du daran gezweifelt?"

„Quatsch", beruhigte ihn Leon. „Aber ich denke, wir sollten morgen gleich zu Henning gehen. Da ist es gut, nicht nur Vermutungen zu haben, sondern brauchbare Hinweise."

Die drei Freunde krochen in ihre Betten.

„Henning, Henning ...", murmelte Till unter der warmen Decke nachdenklich vor sich hin. „Ich glaube, der ist morgen gar nicht auf dem Revier."

Er sprang noch einmal aus dem Bett, holte sich die Zeitung und blätterte suchend darin.

Wo wird Henning am nächsten Tag sein?

Diese Woche kompakt

Bauamt: Wegen Bauarbeiten muss die Hafenstraße am Montag, den 29. Juni voll gesperrt werden. Bei guter Witterung sollen die Arbeiten nur einen Tag dauern.

Buchhandlung „Im Türmchen": Autorenlesung für Kinder am Freitag, den 26. Juni um 15 Uhr mit Isabel Abedi.

Bürgerservice: Die nächste öffentliche Sprechstunde bei Bürgermeister Klages findet am heutigen Mittwoch zwischen 16 und 18 Uhr im Bürgerservice statt.

Fahrradclub: Bürgertour mit Landrätin Anne Reimann am Freitag, den 26. Juni. Start 17 Uhr am Strandkiosk.

Finanzausschuss: Mit der Auftragsvergabe für den Ausbau des Wellenbades befasst sich der Ausschuss am Dienstag, den 30. Juni um 20 Uhr im Ratssaal.

Fußballturnier der Berufsfeuerwehr: Die Feuerwehr richtet am Samstag, den 27. Juni ab 10 Uhr das dritte Hallenturnier freiwilliger Feuerwehren der Region aus. Ort: Multifunktionshalle des Sportcenters.

Hauptschule: Die Projektwoche der Albert-Schw[...]ule schließt am k[...] Basar se[...] im

Naturfreunde: Am Samstag findet der 57. Landesmusiktag der Naturfreunde in der Stadthalle statt. Beginn: 19 Uhr.

Katholisches Pfarramt: Mutter-Kind-Treff am morgigen Donnerstag, 9:30 Uhr

Kindergarten Luisenstraße: Wie man sich richtig im Straßenverkehr verhält, erklärt Polizist Henning Wiek am morgigen Donnerstag von 14 bis 16 Uhr.

Protestantische Kirchengemeinde: Für die Gemeindefahrt entlang der Via Sacra am Sonntag, den 28. Juni sind noch Plätze frei!

Schachklub: Letzter Spieltag der Saison am Samstag, den 27. Juni ab 10 Uhr im Klubhaus.

Schiffsmodellbauklub: „Schiff ahoi" heißt es kommenden Samstag am Strand, wo der Schiffsmodellbauklub anlässlich seines 30-jährigen Bestehens zum Schaufahren einlädt.

Seniorentreff: Am kommenden Donnerstag um 14 Uhr gemeinsamer Strandspaziergang. Treffpunkt am Hafen.

Tanzsportclub Casino Royal: Mitgliederversammlung morgen, Donnerstag, 19.30 Uhr. Zahlreiches Erscheinen erbeten!

Wanderjugend: Ausflug zum mittelalterlichen Spektakulum auf der Burg. Treffpunkt am Sonntag um 9 Uhr am alten Marktplatz.

13. AUF DEM REVIER

Als die Detektive am nächsten Tag beim Kindergarten in der Luisenstraße eintrafen, war Hennig gerade mit der Verkehrserziehung fertig.

„Hallo! Schön, euch zu sehen", begrüßte er seine Freunde und setzte sich mit ihnen hinaus in die Sonne. „Was gibt's? Habt ihr einen neuen Fall?"

Die Piranha-Piraten nickten und erzählten Henning, was sie bisher über die Tierfänger in Erfahrung gebracht hatten.

Der Polizist hörte ihnen aufmerksam zu und machte sich einige Notizen.

„Alle Achtung, ihr seid wirklich auf Zack", staunte er. „Meine Kollegen und ich vermuten auch seit einiger Zeit, dass in der Stadt Tierfänger unterwegs sind. Aber auf die Sache mit den Tagen und Straßen sind wir nicht gekommen."

Till grinste breit. „Wir sind ja auch der Schrecken aller Ganoven."

„Das stimmt!", sagte Henning lachend. Er blickte noch einmal in seine Notizen. „Hm, vielleicht lässt sich etwas über das Fahrzeug in Erfahrung bringen. Am besten, wir fahren aufs Revier und geben eure Beschreibung an alle Streifenwagen weiter."

Kurz darauf betraten die Piranha-Piraten an Hennings Seite die Einsatzzentrale.

„Da sind die fiesen Kerle ja!", rief Lena im nächsten Augenblick.

Was hatte Lena erspäht?

TATORT BAHNHOF
1. O SCHRECK!

Zwei Tage später saßen die Detektive mit Henning und Knut Jensen an Bord der *Meeresperle* und feierten ihren Erfolg.

„Potzdonner! Das war ja wohl wieder ein dolles Abenteuer für euch", meinte der alte Seebär.

„Ja, ich habe die Tierfänger gleich auf den Fahndungsplakaten erkannt", erzählte Lena stolz.

„Die Phantombilder stammten von einem Diebstahl in einem Pelzgeschäft", ergänzte Henning. „Wir hatten keine Ahnung, wer die Männer waren. Aber durch die genaue Beschreibung des Wagens hat ihn die Streife im Nachbarort gestern eindeutig wiedererkannt. Sie brauchten den Tätern nur dorthin zu folgen, wo Cäsar, Diva und all die anderen Katzen versteckt waren."

Till seufzte. „Ich hätte die Kerle am liebsten selbst verhaftet."

„Das würde dir so passen!" Henning schüttelte lachend den Kopf. „Nein, das Verhaften überlasst ihr besser der Polizei."

„Ja, das müsst ihr", meinte auch sein Onkel. „Sonst könnte es selbst für so gewitzte Sprotten wie euch mal brenzlig werden."

„Keine Sorge", sagte Lena. „Ich hab deine Nummer für Ernstfälle im Handy eingespeichert, Henning. Warte ..." Sie suchte die Taschen ihrer Jeans ab – und erschrak. „Mein Handy ist weg!"

„Keine Panik, auf deine Sachen passt Schumacher auf", beruhigte Leon seine Schwester.

Wo befand sich Lenas Handy?

2. EIN PARADIES FÜR LANGFINGER

Die Maus steckte ihre Nase zwischen Handy und Geldbeutel aus Lenas Rucksack.

„Ein Glück, dass es hier an Bord keine Katze gibt", meinte der alte Seebär lachend.

„Selbst wenn: Schumacher wäre viel zu schnell für sie", entgegnete Lena.

Henning deutete auf Lenas Rucksack. „Um die Maus mache ich mir auch keine Sorgen, Lena. Aber du solltest deine Wertsachen besser verstauen", sagte er. „Sonst lädst du Taschendiebe geradezu ein, dich zu beklauen. Seit ein paar Tagen scheinen ohnehin wieder Langfinger in der Stadt aktiv zu sein. Wir konnten ihnen leider noch nicht das Handwerk legen."

Die Piranha-Piraten spitzten interessiert die Ohren.

„Wo genau sind die Diebe denn unterwegs, Henning?", hakte Lena nach.

Henning lachte. „Ah, du witterst schon wieder einen neuen Fall? Na schön. Die Täter gehen vor allem dort ans Werk, wo täglich viele Menschen ankommen und abfahren, ohne lange zu bleiben." Er erhob sich. „So, und ich kann jetzt leider auch nicht mehr bleiben. Mein Dienst beginnt bald."

Gemeinsam mit seinem Onkel machte sich Henning auf den Weg in den Ort – und Till holte neugierig den Stadtplan hervor.

Welche Plätze meinte Henning?

BAHNHOF

PRINZENPARK

MUSEUM

STADTKIRCHE

HOTEL
SUPERIA MARE

ALTE
MÜHLE

FÄHRHAFEN

LEUCHTTURM

STRAND

3. HINEIN INS GEWÜHL

„Ich glaube, ich weiß, welche Plätze Henning gemeint hat", murmelte Lena über den Plan gebeugt. „Es gibt in unserer Stadt zwei Orte, wo es von Leuten wimmelt, die ankommen und abfahren, aber nicht lange bleiben: den Fährhafen und den Bahnhof."

„Du hast recht, Schwesterherz. Und wo beginnen wir mit unserer Arbeit?", fragte Leon.

Lena zuckte unschlüssig mit den Schultern.

„Wir werfen eine Münze", schlug Till vor. „Kopf steht für den Fährhafen und Zahl für den Bahnhof ..."

Eine Viertelstunde später fuhren die Piranha-Piraten zum Bahnhof. In der Eingangshalle herrschte ein reges Kommen und Gehen.

„Diese Taschendiebe sind eindeutig ein Fall für uns", sagte Lena voller Tatendrang. „Immerhin sind wir der Schrecken aller Verbrecher."

„Stimmt. Aber es dürfte in diesem Gedränge schwierig werden, jemanden auf frischer Tat zu ertappen", meinte Leon nachdenklich.

Till nickte. „Obwohl es einige Leute den Dieben tatsächlich leicht machen, sie zu bestehlen. Schaut euch nur mal um!"

Was war Till aufgefallen?

4. DER KETCHUP-TRICK

Die Detektive entdeckten ein Handy und zwei Geldbeutel, die aus den Rucksäcken junger Reisender ragten. Eine weitere Geldbörse lag obenauf im Einkaufskorb einer älteren Dame. Und am Geldautomaten steckte ein Mann umständlich ein Bündel Scheine in die Brieftasche.

„Wie bekloppt ist der denn! Man zeigt doch sein Geld nicht so in der Öffentlichkeit", regte sich Lena auf, während sie den Mann weiter beobachtete. „Na, immerhin verstaut er die Börse in der Innentasche vom Mantel."

„Der Typ muss ziemlich reich sein", meinte Leon. „Seht ihr die goldene Uhr und die Ringe? Und der Mantel scheint auch aus einem teuren Stoff zu sein."

In diesem Augenblick torkelte eine betrunkene Frau auf den Mann zu, stolperte ungeschickt über ihre eigenen Füße – und schon landete die Tüte Pommes, die sie in den Händen gehalten hatte, auf dem edlen Mantel.

„Igitt, jetzt ist alles voller Ketchup!" Till begann zu kichern.

„Und wie angeekelt der feine Herr guckt!", prustete Leon los. „O nein, jetzt verreibt die Frau das Ketchup mit ihrem Taschentuch noch mehr! Ich krieg mich gleich nicht mehr ein vor Lachen!"

„Ich auch nicht!", gluckste Till.

„Das solltet ihr aber! Sofort!", zischte Lena plötzlich. „Habt ihr nicht gesehen, was eben passiert ist?"

Warum war Lena plötzlich so aufgeregt?

Geldautomat

5. DIE KOMPLIZEN

„Wie? Was denn?", fragte Leon verdattert.

„Hä? Nö", brummte Till.

Nur Lena hatte es mitbekommen: Während all der Aufregung um den beschmutzten Mantel war ein Inlineskater an der betrunkenen Frau vorbeigesaust – und die hatte ihm blitzschnell die dicke Brieftasche des Mannes zugesteckt.

„Die Frau ist gar nicht betrunken. Sie ist eine Taschendiebin und ihr Komplize schafft gerade die Beute weg. Los, hinterher!", kommandierte Lena.

Sofort waren die Jungen wieder ganz bei der Sache und die Piranha-Piraten rannten los.

Doch kaum hatten sie die Verfolgung des Inlineskaters aufgenommen, als erneut etwas Unerwartetes geschah: Die gestohlene Brieftasche wechselte ein weiteres Mal den Besitzer!

Und diesmal hatten es die drei Freunde gleichzeitig gesehen.

„Nicht zu glauben, wie fix das ging!", staunte Leon.

„Das sind echte Profis", meinte Till.

„Aber die Piranha-Piraten lassen nicht locker!", rief Lena. „Wir folgen dem Mann mit der Brieftasche. Die anderen knöpfen wir uns später vor!"

Sie änderte mit den Jungen die Laufrichtung.

Wem mussten die drei Freunde folgen?

6. UNTERGETAUCHT

Die Detektive folgten dem Mann im grauen Anzug in einen Seitengang hinein. Um zwei Ecken herum schafften sie es, ihm auf den Fersen zu bleiben. Doch als sich der Gang verzweigte, gelang es dem Fremden, in der Menge unterzutauchen. Till und die Zwillinge stoppten an der Gabelung.

„Eines ist jetzt klar. Die Taschendiebe schlagen als Gruppe zu", fasste Till zusammen. „Zuerst lenkt die Frau das Opfer ab und zieht ihm dann die Geldbörse aus der Tasche. Der Skater bringt die Beute weg. Und schließlich übergibt er sie zur Sicherheit an einen Dritten, falls ihn jemand beobachtet hat."

Lena hörte Schumacher in ihrer Bauchtasche fiepen und holte ihn heraus. „Wenn ein Fremder in meine Bauchtasche fasst, beißt du ordentlich zu, ja?", bat sie die Maus.

„Ich vermute, dass unsere Täter an deinen Taschen nicht interessiert sind", sagte Leon. „Die haben sich für ihren Raubzug gezielt den Mann mit der dicken Brieftasche ausgesucht. Blöd, dass wir die Ganoven doch aus den Augen verloren haben." Er kickte ärgerlich gegen eine leere Limodose, dass es nur so schepperte.

Schumacher erschrak und Lena warf Leon einen missbilligenden Blick zu. „Heb die Dose lieber auf. Da drüben ist ein Papierkorb." Sie stutzte. „He, ich weiß jetzt, in welche Richtung der Mann im grauen Anzug gelaufen ist!"

Welchen Hinweis hatte Lena entdeckt?

7. DIE SPUR IM MÜLL

Aus dem Papierkorb im rechten Gang fischte ein Obdachloser die gestohlene Brieftasche. Er durchsuchte alle Fächer, doch sie waren leer. Enttäuscht warf der Mann die Börse in den Abfall zurück. Und kaum war er laut schimpfend abgezogen, eilten die Piranha-Piraten zum Papierkorb.

Leon nahm ein sauberes Taschentuch und zog die Brieftasche damit heraus.

„Vielleicht sind auf dem Leder Fingerabdrücke, die Henning am Computer einem vorbestraften Verbrecher zuordnen kann", meinte er.

„Das glaube ich kaum", entgegnete Till. „Unsere drei Ganoven trugen alle Handschuhe. Eigentlich hätte uns das bei der betrunkenen Frau sofort stutzig machen sollen. Heute ist es für Handschuhe doch viel zu warm."

Die Freunde nahmen die Verfolgung wieder auf. Sie hasteten den Gang entlang, rannten eine Treppe hinunter und erreichten den Bahnhofsvorplatz.

Leon guckte sich suchend um. „Der Typ im grauen Anzug ist längst über alle Berge", vermutete er.

Auch Lena reckte den Hals – und begann auf einmal zu grinsen.

„Nee, der versteckt sich hier irgendwo in der Nähe. Seine Komplizin bereitet nämlich schon den nächsten Diebstahl vor."

Wodurch verriet sich die Taschendiebin?

8. DER BANDIT IM JOGGINGANZUG

Auf der gegenüberliegenden Seite des Platzes stand eine Frau mit Stadtplan in der Hand und sah sich suchend um. Und diese Frau trug Handschuhe!

„Ist das die Betrunkene von vorhin?", fragte Leon zweifelnd.

„Die hatte doch blonde Haare!"

„Das war wohl eine Perücke", vermutete Till.

Gespannt sahen die Piranha-Piraten zu, wie sich die Diebin an eine ältere Dame mit offener Handtasche wandte. Anscheinend erkundigte sie sich nach einer Straße und die Dame gab über den Plan gebeugt Auskunft. Da näherte sich im nächsten Moment ein Jogger, zog der alten Dame unbemerkt die Geldbörse aus der Tasche, lief weiter – und schon tauchte aus einem Seiteneingang der Mann im grauen Anzug auf, um die Beute an sich zu nehmen.

„Los, ihnen nach! Wir bleiben über Handy in Verbindung", raunte Lena den Jungen zu.

Sofort folgte sie der jungen Frau, die den Platz in Richtung Stadt verließ. Leon flitzte dem Jogger dagegen in den Bahnhof hinterher. Und Till heftete sich an die Fersen des Mannes im grauen Anzug, der zu den Bushaltestellen eilte.

Doch schon fünf Minuten später standen die drei Freunde wieder beisammen. Und das, ohne telefoniert zu haben.

„Für heute machen die Gauner anscheinend Feierabend", meinte Till.

Wo befanden sich die Taschendiebe?

9. DAS LETZTE STÜCK SAHNETORTE

Die Taschendiebe saßen im *Café Sahnehäubchen*. Durch die große Fensterfront konnten die Detektive sehen, wie die Ganoven beim Kellner eine Bestellung aufgaben.

„Rufen wir Henning an, damit er sie verhaftet?", fragte Lena.

„Kaffee und Kuchen zu bestellen, ist nicht strafbar", entgegnete Leon. „Er müsste das Gespann schon beim Diebstahl ertappen, um einen Beweis zu haben."

In diesem Augenblick griff der Mann im grauen Anzug in seine Jackentasche. So unauffällig wie möglich zog er ein dickes Bündel Geldscheine hervor und begann, es unter dem Tisch zwischen sich und seinen Komplizen aufzuteilen.

„Irre, das ist die Knete aus mindestens zehn Diebstählen", schätzte Till. „Aber selbst das wäre für Henning kein Beweis. Viel Geld zu besitzen, ist ja ebenfalls nicht strafbar."

Drinnen brachte der Kellner drei Stücke Sahnetorte an den Tisch. Und draußen lief allen das Wasser im Mund zusammen.

„Die machen es sich richtig gemütlich", seufzte Leon, als der Mann im grauen Anzug gleich darauf seine Jacke auszog und über die Stuhllehne hängte.

Da zog Lena überrascht die Augenbrauen hoch. „Sollen sie ruhig. Denn das ist für längere Zeit ihr letztes Stück Sahnetorte. Von einer Sache haben sie nämlich doch mehr dabei, als die Polizei erlaubt. Jetzt können wir Henning informieren!"

Was hatte die Taschendiebe überführt?

Bitte keine
Fahrräder
anlehnen!

DIE GERAUBTE PERLENKETTE

1. EIN BERÜHMTER KOLLEGE

Die Piranha-Piraten saßen in der *Meeresperle* und steckten ihre
Nasen in die aktuelle Ausgabe des *Seeboten*: „... endlich sind die
Taschendiebe, die seit einiger Zeit unsere Stadt unsicher machten,
gefasst. Der entscheidende Hinweis kam von den Piranha-Piraten.
Die jungen Detektive hatten beobachtet, dass die Täter eine gro-
ße Anzahl gestohlener Führerscheine bei sich trugen ..."

„Irgendeinen Fehler machen alle Täter." Leon grinste. „Man
muss ihnen nur hartnäckig wie Piranhas auf den Fersen bleiben."

Lena griff nach einer Schere. Sie schnitt den Artikel aus und
pinnte ihn zwischen die Ausschnitte früherer Fälle an die Wand.
Dann trat sie einen Schritt zurück und betrachtete ihr Werk. „Ich
bekomme schon wieder Lust auf Verbrecherjagd", gestand sie.

„Ich auch", sagte Till und schnappte sich die Zeitung. „Mal
schauen, ob im Polizeibericht etwas Interessantes steht. Vielleicht
ein Einbruch, um den wir uns kümmern könnten."

Er blätterte – und pfiff plötzlich durch die Zähne.

„Ein neuer Fall?", fragte Leon sofort.

„Nein! Aber ein berühmter Kollege kommt in die Stadt!", entgegnete Till. Er hielt seinen Freunden die Zeitung unter die Nase.
„Hier, lest selbst!"

Was hatte Till entdeckt?

2. MEISTERDETEKTIV JOHN BARLO

Zuerst entdeckten die Zwillinge das Foto des Schauspielers David Groß alias Meisterdetektiv John Barlo.

Dann las Lena vor: „Der Schauspieler David Groß stellt heute seinen neuen Film *John Barlo jagt Doktor Solo* im Lex-Kino vor. Er wird im *Superia Mare* wohnen ...“

„Spitze!“, rief Leon mit leuchtenden Augen. „John Barlo ist genial. Den Film müssen wir uns unbedingt anschauen. Bestimmt können wir dabei neue Ermittlungsmethoden lernen!“

„Aber die Vorstellung ist erst heute Abend.“ Till seufzte. „So lange kann ich nicht warten, den Meisterdetektiv endlich live zu sehen. David Groß wohnt wahrscheinlich jetzt schon in diesem Edelschuppen. Lasst uns zum *Superia Mare* fahren, vielleicht bekommen wir ihn ja zu Gesicht.“

Lena und Leon nickten begeistert.

Eine halbe Stunde später trafen die Piranha-Piraten vor dem Hotel ein. Doch dort waren sie nicht alleine – denn vor dem Eingang drängelte sich eine riesige Menschenmenge.

„John Barlo! Wir lieben dich!“, kreischten ein paar Frauen.

„O Mann.“ Leon seufzte genervt. „So voll hatte ich mir es hier nicht vorgestellt. Pass auf, Schwesterherz, dass Schumacher nicht erdrückt wird.“

Lena wollte gerade antworten, als die Menge plötzlich unruhig wurde. „Da kommt er! Er kommt!“, riefen einige Fans.

Wo war John Barlo?

3. DER SCHREI

Die Piranha-Piraten stellten sich auf die Zehenspitzen und sahen, wie der Schauspieler David Groß winkend aus dem Hotel trat. Dann schritt er durch die Menschenmenge und schüttelte unzählige Hände.

„Sieht der süß aus!", hauchte ein Mädchen neben Lena.

„Aber leider ist er schon verheiratet", seufzte ihre Freundin. Die drei Detektive verdrehten genervt die Augen.

„Dass David Groß verheiratet ist, stimmt aber", flüsterte Lena den Jungen zu. „Die Frau an seinem Arm heißt Bellinda. Ich habe ihr Foto schon mal in der Zeitung gesehen."

Leon reckte den Hals noch mehr. „Schaut mal, wie viel Schmuck diese Bellinda trägt."

„Sieht wertvoll aus", fand Till. „Aber warum sind dann keine Bodyguards zu sehen?"

Für einen Augenblick verloren die Detektive den Schauspieler und seine Frau aus den Augen. Und im nächsten Moment vernahmen sie in der Menschenmenge einen spitzen Schrei.

„Wer war das?", erschrak Lena. „Wo kam das her?"

Sofort verschränkten Till und Leon ihre Hände zu einer Räuberleiter. „Steig hoch, Lena!", kommandierte ihr Bruder.

Lena stellte sich auf die Hände. „Ja, jetzt sehe ich die beiden wieder", berichtete sie aufgeregt nach unten. „Und ich weiß auch, was passiert ist!"

Welche Beobachtung machte Lena?

4. BERAUBT!

„Bellinda ist die Perlenkette geraubt worden!", rief sie.

„Kannst du irgendwo den Täter flüchten sehen?", fragte Till.

Lena kniff die Augen zusammen. „Keine Chance. Da vorne ist ein ziemlicher Tumult. David rennt mit Bellinda ins Hotel zurück und jede Menge Leute telefonieren mit ihren Handys."

„Wahrscheinlich informieren sie die Polizei", vermutete Leon.

Lena stieg von der Räuberleiter. „Das ist ganz klar ein neuer Fall für die Piranha-Piraten", beschloss sie. „Wir müssen David Groß helfen, den Schmuck wiederzubekommen."

Mit spitzen Ellenbogen kämpften sich Till und die Zwillinge durch die Menschenmenge zum Eingang des Hotels. Sie erreichten ihn im selben Augenblick, als Henning mit Martinshorn und Blaulicht heranraste.

Sofort erzählten die Detektive ihrem Freund, was passiert war.

„Dürfen wir mit ins Hotel und bei der Zeugenbefragung dabei sein?", bat Lena ihn.

Henning nickte – und zwei Minuten später standen die Piranha-Piraten mit ihm in der vornehmen Suite ihres Helden, des Schauspielers David Groß.

„Wurde Ihnen außer der Perlenkette noch anderer Schmuck gestohlen?", fragte Henning die schöne Bellinda höflich.

Doch Till wusste die Antwort schon, bevor Bellinda antwortete.

Was war Till aufgefallen?

5. EINE SCHLECHTE ZEUGIN

„Nein, nur die Perlenkette", entgegnete Bellinda. Sie wies mit eleganter Handbewegung auf die Schatulle, die Till aufgefallen war. „Die anderen Stücke habe ich bereits zurückgelegt."

Ihr Mann meldete sich zu Wort. „Der Schmuck gehört uns übrigens nicht." Er klappte die Schatulle zu.

Juwelier Hohenstein las Leon auf dem Deckel und runzelte die Stirn. „Ist das der Laden in den Hotelarkaden?"

„Richtig", sagte David Groß. Er lächelte die Piranha-Piraten filmreif an. „Wir hatten uns den Schmuck für heute nur geliehen. Das machen die meisten Schauspieler so."

„Ja, darüber habe ich schon gelesen", sagte Lena.

„Und warum hatten Sie keinen Bodyguard?", fragte Till.

David Groß zuckte mit den Schultern. „Keine Ahnung. Darum wollte sich Juwelier Hohenstein kümmern. Aber kurz bevor wir unsere Suite verlassen mussten, um zu einem Fernsehtermin zu fahren, rief er an. Er sagte, der gebuchte Leibwächter sei nicht gekommen und er könne so schnell keinen Ersatz besorgen."

Henning wandte sich wieder an Bellinda. „Würden Sie mir den Täter beschreiben?", bat er sie.

„Ähm ... ja ..." Bellinda senkte verlegen den Blick. „Ich habe ihn eigentlich kaum gesehen ..."

Lena hatte etwas auf der Schminkkommode entdeckt und grinste.

„Das glaube ich Ihnen aufs Wort, Frau Groß."

Was hatte Lena entdeckt?

6. DIE TÄTERBESCHREIBUNG

„Ich bin blind wie ein Maulwurf, müssen Sie wissen", meinte Belinda beschämt. „In der Öffentlichkeit trage ich meine Brille nie. Aber Kontaktlinsen vertrage ich nicht immer. Dann führt mich mein Mann am Arm, so wie auch heute."

„Das mache ich gerne", tröstete sie David Groß und wandte sich an Henning. „Natürlich kann ich den Täter beschreiben."

Er konzentrierte sich – und sah nun aus wie Meisterdetektiv John Barlo. Beeindruckt hingen die Piranha-Piraten an seinen Lippen: „Der Mann war schlank und etwa einen Meter achtzig groß. Sein Gesicht hat er durch einen künstlichen schwarzen Vollbart und eine braune Wollmütze unkenntlich gemacht. Die Kleidung bestand aus Jeans, weißen Turnschuhen und einem karierten Flanellhemd. Als der Mann meiner Frau die Perlenkette vom Hals riss, konnte ich dunkle Lederhandschuhe erkennen. Anschließend flüchtete der Täter über die Rosenhecke links vom Eingang. Er kann nicht sehr alt gewesen sein, sonst hätte er den Sprung nicht geschafft."

Henning notierte alles und schmunzelte. „Danke für die genaue Beschreibung, Herr Groß. Sie könnten für die Polizei arbeiten!" Der Schauspieler lächelte. „Im Film tue ich es ja."

Henning und die Detektive verabschiedeten sich und eilten zum Tatort zurück. Während der Polizist die Spurensicherung rief, sah sich Lena mit den Jungen bereits bei der Rosenhecke um.

„Ich habe schon den ersten Hinweis!", freute sich Leon.

Was hatte Leon gefunden?

7. SPUR OHNE SPUREN

„Der Täter hat sich das Hemd zerrissen", folgerte Till und ließ das karierte Stoffstück für die Spurensicherung hängen. „Also wissen wir jetzt, wie sein Hemd genau aussah." Er warf einen Blick hinter die Hecke. „Und nach dem Sprung ist er hier auf dem geteerten Weg weitergelaufen."

„Wie kommst du darauf?", wunderte sich Lena.

Statt einer Antwort setzte Till einen Fuß auf die Rasenfläche neben dem Weg und hob ihn wieder hoch. „Seht ihr? Wenn der Räuber über den Rasen gelaufen wäre, müsste es Spuren geben."

Leon rieb sich die Hände. „Tatsächlich. Manchmal sind keine Spuren auch Spuren."

Der Weg führte dicht am Hotel entlang. Nach etwa hundert Metern bogen die Piranha-Piraten um eine Ecke des Gebäudes – und prallten beinahe gegen ein Malergerüst.

„Ups!", entfuhr es Lena erschrocken. Doch im nächsten Moment begann sie zu lächeln. „Der Räuber hat von dem Gerüst aber auch nichts gewusst. Sonst wäre er nicht dagegengestoßen und hätte uns keine so prächtige Spur hinterlassen."

Auf was spielte Lena an?

8. DIE TAXIFAHRT

Die Detektive umrundeten den Farbklecks am Boden und studierten die weißen Schuhabdrücke auf dem Weg.

„Das Profil hat ein ungewöhnliches Muster", fand Till. „Sieht aus wie ein Sternenhimmel. Das hilft uns natürlich bei der Suche."

„Ja, aber weit ist er von hier aus nicht mehr gelaufen", entgegnete Leon. „Die Spur endet dort vorne am Taxistand."

Sofort rannten die drei Freunde zu den Taxis.

„Entschuldigen Sie, haben Sie einen Mann mit Jeans und kariertem Hemd gesehen?", erkundigte sich Lena bei den beiden Fahrern, die am ersten Wagen lehnten.

Während der ältere Fahrer die Piranha-Piraten stirnrunzelnd anstarrte, nickte der jüngere. „Den hab ich gefahren. War 'ne kurze Tour. Der Typ wollte zum Haupttor am Prinzenpark ..."

„Jetzt fällt mir wieder ein, wer ihr seid!", rief sein Kollege dazwischen. „Ihr seid die Piranha-Piraten. Ich kenne euch aus der Zeitung. Seid ihr wieder mal auf Verbrecherjagd?"

„Ja", sagte Till, „und wir müssen auch sofort zum Haupttor."

„Dann rein mit euch in mein Taxi!" Der Fahrer setzte sich ans Steuer. „Ihr braucht auch nichts zu zahlen."

Es dauerte nicht lange und das Taxi stoppte am Haupttor des Prinzenparks. Die Detektive bedankten sich und stiegen aus.

„Weiße Abdrücke sehe ich hier keine mehr." Till lugte in den Park hinein. „Aber richtig sind wir trotzdem."

Was fiel Till auf?

9. ABDRÜCKE IM SAND

Unter der Bank am Eingang lagen eine Wollmütze und dunkle Lederhandschuhe.

„Unserem Dieb scheint warm geworden zu sein", witzelte Leon. Er sicherte das Beweismaterial, während Till die Spuren im Sand des Parkweges untersuchte.

„Volltreffer! Hier sind wieder Schuhabdrücke, die aussehen wie Sterne", stellte er fest. „Ich bin gespannt, wohin sie uns führen."

„Wisst ihr, was mich wundert?", murmelte Leon, als sie der Spur in den Park hinein folgten. „Warum hat sich der Täter das Stück zum Haupteingang überhaupt fahren lassen? Wenn er in den Park flüchten wollte, hätte er gleich vom Hotel aus hinlaufen können."

Till hielt an einer Übersichtstafel des Parks. „Du hast recht. Der Prinzenpark reicht fast an die Rückseite vom *Superia Mare* heran."

„Das ist echt seltsam", fand auch Lena.

Die Piranha-Piraten liefen bis zur Mitte des Parks weiter. Hier standen die Büsche in dichten Gruppen und der Weg machte einen Bogen. Plötzlich hielt Lena die Jungen an den Ärmeln fest.

„Halt! Nicht weitergehen!", flüsterte sie. „Schaut doch mal, wer da ist ..."

Wen hatte Lena entdeckt?

10. DER TÄTER WIRD OBSERVIERT

„Das ist ja unser Schmuckräuber!", meinte Till.

Leon schmunzelte. „Ich sehe sogar den Riss im Hemd."

„An dem Kerl bleiben wir dran!", beschloss Lena und versteckte sich mit den Jungen hinter einem Busch.

„Warum guckt der Typ eigentlich ständig auf seine Uhr?", raunte Till nach einer Weile.

„Vielleicht wartet er auf einen Komplizen", vermutete Leon.

„... oder auf einen Hehler, an den er die Perlenkette verkaufen will", ergänzte seine Schwester.

Wieder guckte der Mann auf die Uhr – und dieses Mal stand er auf, um weiterzugehen. Sofort nahmen die Piranha-Piraten die Verfolgung wieder auf.

„Seht ihr dahinten das *Superia Mare?*", fragte Till leise. „Der Kerl schlägt tatsächlich den Weg zum Hotel ein. Warum bloß?"

„Ich hab gelesen, dass es manche Täter zum Tatort zurückzieht", entgegnete Lena. „Sie wollen sehen, was dort passiert. Ob die Polizei Spuren findet und so."

Der Mann im Flanellhemd erreichte das Ende des Parks, lief die Straße an den Hotelarkaden entlang und verschwand hinter der Ladentür mit der Aufschrift *Juwelier Hohenstein.*

„Hä? Da steht doch ‚geschlossen' dran!", rief Leon verblüfft.

„Ich weiß, wie er reingekommen ist", antwortete seine Schwester.

Wie kam der Räuber in den Laden?

11. BEI JUWELIER HOHENSTEIN

„Er hatte einen Schlüssel in der Hosentasche", erklärte Lena.
„Sehr merkwürdig." Leon runzelte die Stirn. „Aber noch merk-
würdiger ist, dass unser Verdächtiger jetzt ausgerechnet bei
Juwelier Hohenstein ist, der Bellinda den Schmuck geliehen hat!"
Till pfiff leise durch die Zähne. „Da ist garantiert was faul. Irgendwie stecken der Räuber und der Juwelier unter einer Decke. Ver-
mutlich hatte der Juwelier gar keinen Bodyguard für David und
Bellinda bestellt. Dadurch war der Schmuckraub überhaupt erst
möglich!"
Lena nickte. „Da könnte was dran sein. Ich denke, wir sollten
diesem Juwelier Hohenstein einen Besuch abstatten."
„Aber nur gemeinsam mit Henning", wandte Till ein. „Wer weiß,
was im Geschäft vor sich geht. Und vielleicht sind da mehr Leute
drin, als wir denken."
Lena zückte das Handy und wählte Hennings Nummer.
Der Polizist meldete sich sofort.
„Wir wissen, wo der Täter ist!", rief Lena in den Hörer.
„Sehr gut. Und ich weiß, wo ihr seid." Lena hörte Henning
lachen.

Wo steckte Henning?

12. SPANNENDER ALS IM FILM

Henning und David Groß kamen auf die Detektive zu. „Die Taxi-
fahrer haben uns von eurer Spur erzählt", erklärte der Polizist.

„Und ich wollte bei euren Ermittlungen dabei sein", fügte der
Schauspieler hinzu. „Das ist viel spannender als in meinen Fil-
men!"

Die Piranha-Piraten berichteten, was sie beobachtet hatten –
und kurz darauf klopfte Henning an die Tür des Juweliergeschäfts:
„Polizei! Machen Sie auf!"

Einen Moment blieb es ruhig. Dann drehte sich innen ein Schlüssel im Schloss. Ein junger Mann im Anzug öffnete.

„Das ist nicht der Juwelier!", rief David Groß. „Herr Hohenstein
hat die Perlenkette persönlich in die Suite gebracht."

Der junge Mann nickte. „Richtig. Mein Chef ist auch jetzt
gerade außer Haus. Wir haben das Geschäft geschlossen, weil
draußen durch die Fans so ein Gedränge ist." Er wedelte mit
einem Staubtuch. „Ich staube nur ein wenig ab."

Die Detektive schoben sich in den Laden, doch der Täter war
nirgends zu sehen.

„Gibt es einen Hinterausgang?", fragte Leon den Verkäufer. Der
junge Mann schüttelte verdutzt den Kopf.

„Dann muss der Ganove hier irgendwo sein", beharrte Lena.

Da hellte sich Tills Miene auf. „Ist er auch! Ein Stück von ihm
habe ich schon entdeckt!"

Was hatte Till erspäht?

13. EIN GUTES VERSTECK

Till deutete auf den karierten Zipfel, der aus einer Kommode im Nebenzimmer ragte.

Der Verkäufer wurde rot. „Ähm, das ... ist mein Freizeithemd", stotterte er. „Ich ... ich fahre heute Abend noch zum Angeln."

„So, zum Angeln", wiederholte Henning nachdenklich. „Haben Sie nicht eher gerade nach einer Perlenkette geangelt?" Er zog die Schublade auf und ein schwarzer Vollbart, Jeans und weiße Turnschuhe kamen zum Vorschein.

„Das gehört alles dem Täter!", entfuhr es David Groß.

Henning nahm die Schuhe und zeigte den Piranha-Piraten die Sohlen. Die drei Freunde nickten.

„Das ist das Sternenmuster", bestätigte Till.

Da zückte Henning seine Handschellen. „Sie sind vorläufig festgenommen", erklärte er dem jungen Mann mit ernster Miene – und die Handschellen klickten.

„Ich weiß gar nicht, warum!", empörte sich der Verkäufer. „Sie können mir nichts beweisen!"

„Stimmt", sagte Leon. „Denn wo ist die Perlenkette?" Henning durchsuchte die ganze Kommode, doch ohne Erfolg.

Plötzlich bekam Lena große Augen. „Das ist ja ein geniales Versteck!"

Wo entdeckte Lena die Perlenkette?

GEFAHR FÜR JOHN BARLO
1. IM KINO

Am Abend waren die Piranha-Piraten mit Henning als Dank für
die wiedergefundene Perlenkette ins Kino eingeladen. David
Groß und Bellinda saßen schon im Büro des Kinobesitzers und
begrüßten sie herzlich.

„Sie hätten meine Freunde bei der Arbeit sehen sollen!",
schwärmte der Filmstar dem Kinobesitzer vor. „Zum krönenden
Abschluss hat Lena mit ihren Adleraugen die Perlenkette in einer
Vitrine des Juweliergeschäfts entdeckt."

Lena lachte. „Als wir plötzlich vor der Tür standen, blieb dem
Räuber keine Zeit mehr, sie besser zu verstecken."

„Inzwischen hat er die Tat gestanden", berichtete Henning.

Der Kinobesitzer sah auf die Uhr. „Oh, in fünfzehn Minuten beginnt der Film. Ihr solltet allmählich zu euren reservierten Plätzen
gehen." Er lächelte die Detektive an. „Aber zuvor dürft ihr euch
natürlich noch so viel Popcorn und Eis holen, wie ihr wollt."

„Das gefällt mir!", sagte Leon strahlend, als er kurz darauf mit
seinen Freunden am Kiosk anstand. „Kino mit Chips und Limo bis
zum Abwinken!"

„Du denkst echt immer nur ans Essen." Lena sah sich neugierig
um. „He, dort läuft ja David als John Barlo verkleidet!", rief sie
plötzlich. „Mist, wo ist er hin verschwunden?"

„Nein, das kann nicht David gewesen sein", widersprach Till.

Was hatte Till entdeckt?

2. DER DOPPELGÄNGER

„Schau ins Büro, Lena. Da sitzt David noch. Und seine John-Barlo-Klamotten hat er auch nicht an."

Lena guckte über ihre Schulter und runzelte die Stirn. „Hm, stimmt. Aber wer war das dann eben?"

„Vielleicht ein Fan, der wie sein Held aussehen will", vermutete Till. „Ich war neulich mit meiner Mutter in einem alten Sience-Fiction-Streifen, da war die Hälfte der Kinobesucher so verkleidet wie die Außerirdischen im Film."

Henning lachte. „In dem war ich auch! Als Mr. Spock!"

„Wahrscheinlich habt ihr recht", sagte Lena. „Blöd, dass ihr den Doppelgänger nicht auch gesehen habt."

Die Piranha-Piraten deckten sich mit Popcorn und Chips ein und schlenderten mit Tüten und Bechern beladen zum Kinosaal weiter.

„Irre, wie voll das hier ist", meinte Leon, als sie den Saal betraten.

„Bald passt keine Maus mehr rein. Ein Glück, dass du Schumacher diesmal zu Hause gelassen hast, Schwesterherz."

„Seht ihr unsere Plätze?", fragte Henning. „Der Kinobesitzer hat sie extra mit eurem Logo reserviert."

Suchend reckten die Detektive ihre Köpfe.

„Die Plätze hab ich gefunden. Und da ist auch der Doppelgänger wieder!", rief Lena im nächsten Moment.

Wo war der Doppelgänger?

3. SICHER IST SICHER

„Er drängelt sich gerade durch die neunte Reihe." Lena zeigte in die Richtung.

Doch noch ehe ihre Freunde einen Blick auf den Mann werfen konnten, war er wieder in der Menschenmenge untergetaucht.

„Der Typ sah echt aus wie John Barlo", bekräftigte Lena.

„Wir glauben's dir ja", entgegnete Till.

Unter den neugierigen Blicken der anderen Zuschauer nahmen die Piranha-Piraten mit Henning ihre Plätze ein und die Jungen begannen, zufrieden Popcorn zu futtern.

Nur Lena blickte sich unruhig im Saal um.

„Was ist los mit dir?", wollte Henning wissen.

„Ach, mir geht dieser Doppelgänger nicht aus dem Kopf", antwortete Lena. „Irgendwas an dem war unheimlich. Der Typ wirkte eiskalt. Und seinen Mantel trug er auch komisch überm Arm. So als wäre was drunter versteckt."

Till schluckte. „Du meinst, mit dem Kerl stimmt etwas nicht?"

„Genau", sagte Lena und erhob sich. „Viel Zeit haben wir nicht mehr, bis der Film beginnt. Aber wir sollten den Mann suchen und unter die Lupe nehmen. Sicher ist sicher."

„Ruft mich, wenn euch was Verdächtiges auffällt", bat Henning. Die Piranha-Piraten nickten.

„Ich weiß, von wo wir den besten Blick über den Saal haben", meinte Till.

Von wo wollte Till Ausschau halten?

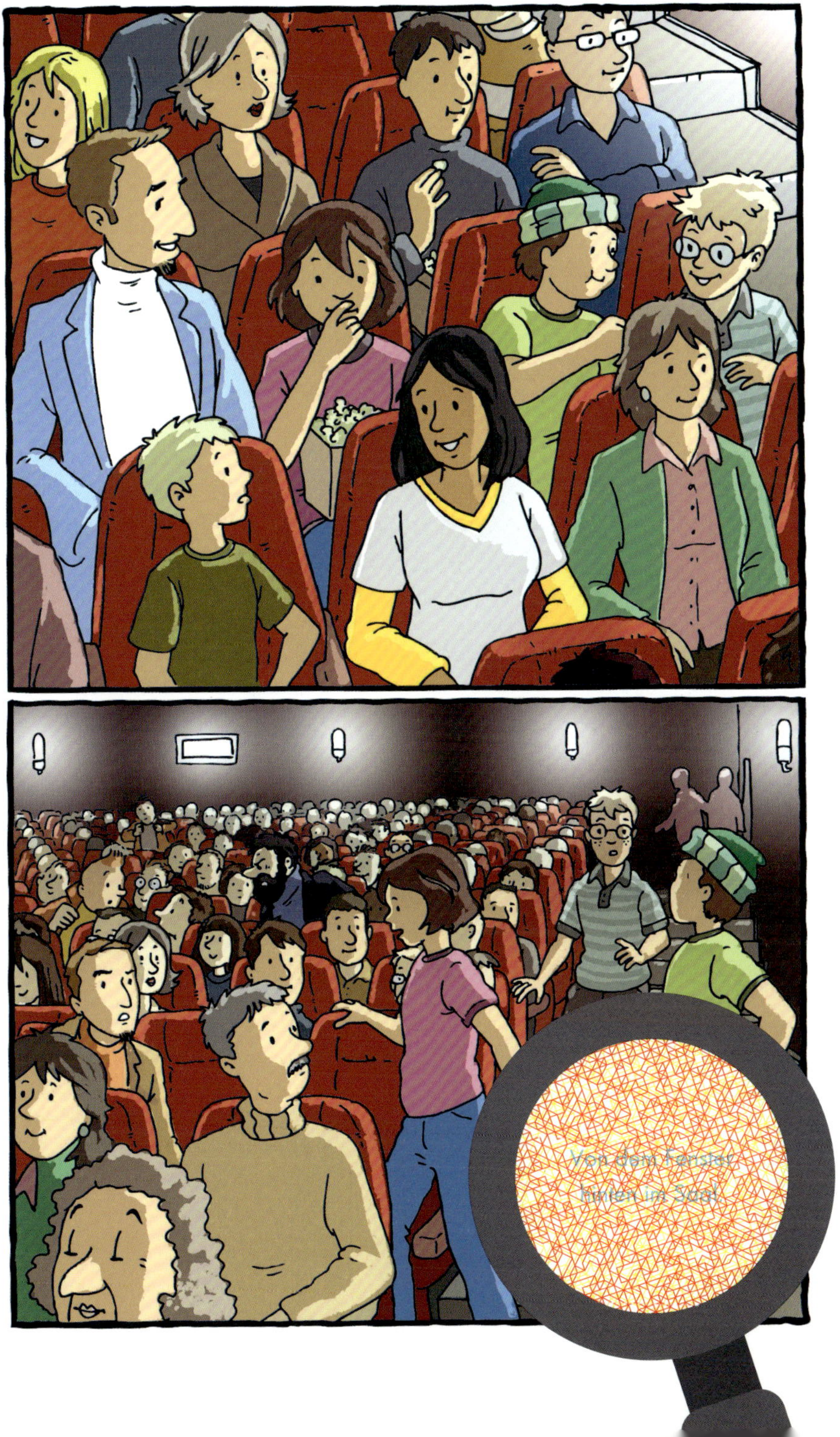
Von dem Fenster
hinten im Saal.

4. GEDRÜCKTE STIMMUNG

Till zeigte auf das Fenster des Filmvorführraums. „Wir fragen den Kinobesitzer, wie wir dort hinkommen."

Gleich darauf klopften die Piranha-Piraten an die Bürotür – und spürten beim Eintreten sofort, dass etwas nicht stimmte: David Groß und der Kinobesitzer saßen schweigend auf ihren Stühlen, während Bellinda in ein Taschentuch schniefte.

„Ähm, Verzeihung", begann Till, „wir wollen nicht stören, aber ..." Er erzählte hastig, was Lena beobachtet hatte.

Bellinda schaute mit geröteten Augen auf. „Ihr meint, unter den Zuschauern ist ein Doppelgänger von John Barlo?", fragte sie beunruhigt. „Und er wirkte gefährlich?"

„Na ja, ich hatte so ein mulmiges Gefühl, als der Typ reinkam", versuchte Lena zu erklären. „Er sah einfach merkwürdig aus. Aber wahrscheinlich habe ich mir das nur eingebildet ..."

„Wir verschwinden am besten wieder", schlug Leon vor und wandte sich zum Gehen.

„Nein, es ist sogar gut, dass ihr gekommen seid", meinte David Groß.

„Ja, wir müssen jedem Hinweis nachgehen", stimmte ihm der Kinobesitzer ernst zu.

„Was ist denn eigentlich passiert?", fragte Till verständnislos.

„Das ist ja heftig!", entfuhr es da Lena. „Jetzt verstehe ich, warum sich Bellinda Sorgen macht!"

Was hatte Lena gesehen?

5. DER DROHBRIEF

Aufgeregt las Lena das Schreiben vor, das auf dem Schreibtisch lag: „Du bist ein elender Schwindler, David Groß! Nur ich bin der berühmte Meisterdetektiv und kein anderer! Und deshalb wirst du heute auf der Bühne dein blaues Wunder erleben! Gezeichnet: der wahre Meisterdetektiv John Barlo."

„Den Brief hat jemand auf der Herrentoilette gefunden", erklärte der Kinobesitzer.

„Der muss von einem Verrückten sein", murmelte Till.

Lena nickte nachdenklich. „Der Typ vorhin sah durchgeknallt genug aus. Ich vermute, dass er diesen Brief geschrieben hat. Vielleicht hat er unter dem Mantel eine Waffe versteckt!"

Vom Kinosaal drangen ungeduldige Rufe ins Büro herein. „David! David!", verlangten die Fans nach dem Schauspieler.

„Was machen wir jetzt nur?" Der Kinobesitzer wischte sich den Schweiß von der Stirn. „Die Leute wollen, dass es losgeht ..."

„Geh nicht raus", bat Bellinda ihren Mann.

„Das bin ich meinen Fans aber schuldig", entgegnete David.

Lena eilte zur Tür. „Wir versuchen, den Doppelgänger so schnell wie möglich zu finden und die Sache zu klären!"

Gleich darauf lugten die Zwillinge durch das Fenster des Vorführraumes, während Till in den Kinosaal lief, um Henning Bescheid zu sagen.

„Jetzt sehe ich den Doppelgänger auch!", rief Leon plötzlich.

Wo saß der Verdächtige?

6. UNRUHE IM KINOSAAL

Sofort rief Lena mit ihrem Handy bei Henning an. „Leon hat den Doppelgänger in der dritten Reihe entdeckt! Ganz rechts außen", informierte sie ihn. „Der Kerl scheint übrigens echt was unterm Mantel zu verstecken." Lena ließ das Handy eingeschaltet.

„David! David!", forderten die Fans immer ungeduldiger. Sogar Buhrufe mischten sich jetzt darunter.

„Lange kann der Kinobesitzer die Leute nicht mehr warten lassen", fürchtete Leon. „Aber die Wahrheit sagen kann er ihnen auch nicht. Sonst entsteht vielleicht Panik."

„Und wer weiß, wie der Briefschreiber dann reagieren würde ...", sagte Lena, während sie zusah, wie sich Henning und Till der dritten Reihe näherten.

Hennings Stimme quäkte durch die Leitung: „Habt ihr schon was Verdächtiges bemerkt?"

„Noch nicht", antwortete Lena. „Der Typ glotzt nur wie versteinert vor zur Bühne und scheint auf David zu warten."

Leon knabberte aufgeregt an einem Fingernagel. „Wenn er wirklich hinter dem Drohbrief steckt, sollte er uns langsam den Beweis liefern. Nur weil er finster guckt, kann ihn Henning nicht verhaften."

Lena kniff die Augen zusammen und musterte den Verdächtigen genau. „O Mist! Da haben wir den Beweis!", rief sie im nächsten Augenblick erschrocken.

Was hatte Lena entdeckt?

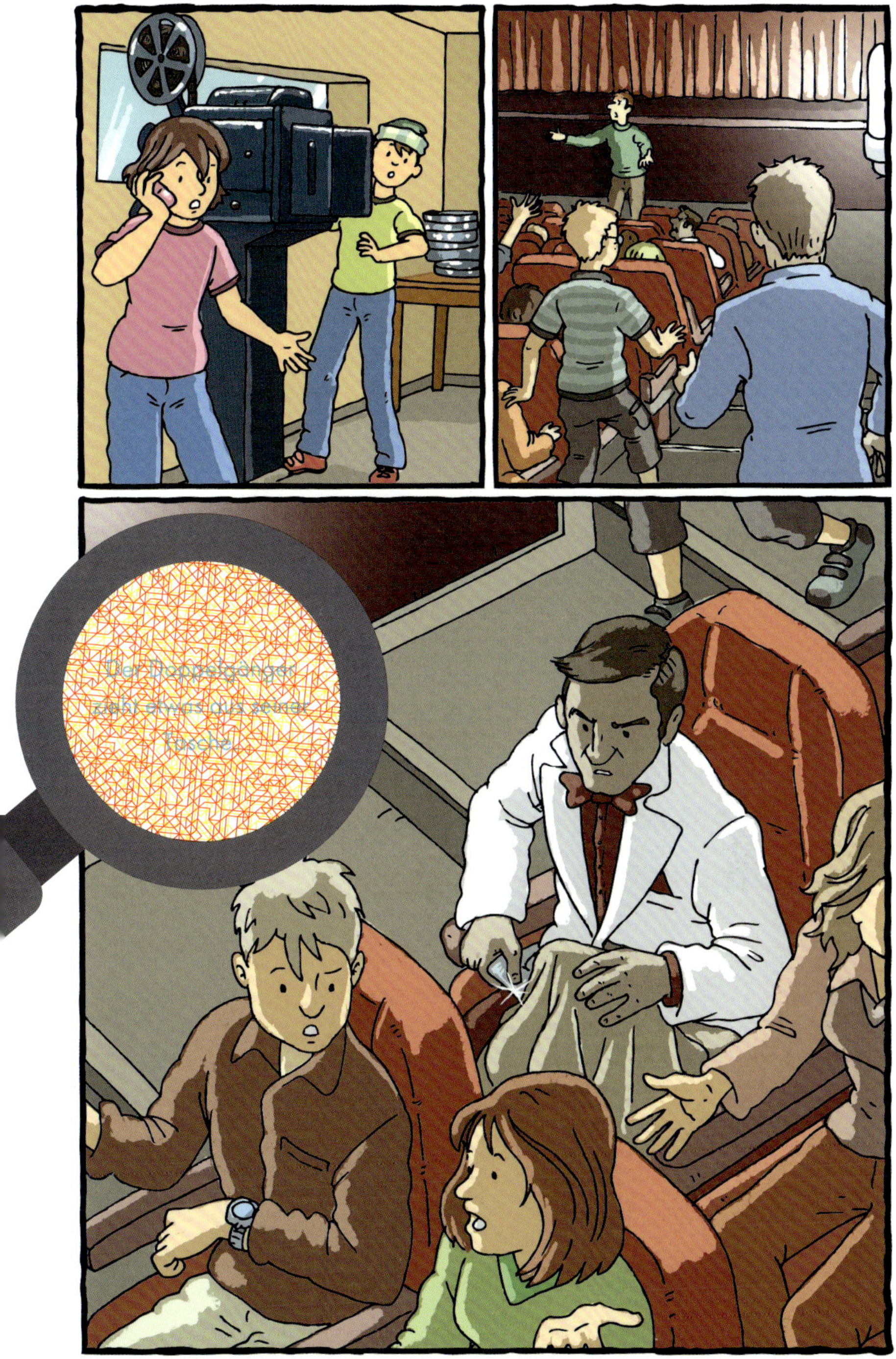

7. FALSCHER ALARM

„Er zieht was Blitzendes aus der Tasche, Henning!", schrie Lena in den Hörer. „Vielleicht ein Messer!"

Doch im nächsten Moment prustete Leon los – und Lena wurde rot, als sich der Doppelgänger mit einem silberfarbenen Kamm durch die Haare fuhr.

„Entwarnung", murmelte Lena verlegen ins Handy. „Es war nur ein Kamm."

Sie hörte Henning leise lachen. „Schon in Ordnung, Lena. Besser einmal zu viel warnen als einmal zu wenig. Till und ich sehen den Kerl jetzt übrigens auch. Wahrscheinlich ist er wirklich nur ein John-Barlo-Fan."

„Aber von wem stammt dann die Drohung ...?", wandte Lena ein. Sie war nicht sicher, ob Henning sie noch verstanden hatte, denn gerade betrat der Kinobesitzer die Bühne vor der Leinwand und die Zuschauer applaudierten.

„Meine Damen und Herren!", sagte er zum Publikum. „Sie mussten lange warten. Doch begrüßen Sie nun ... David Groß!"

Da eilte der Schauspieler schon mit einem strahlenden Lächeln auf die Bühne – und im selben Moment sah Till, was der Doppelgänger vorhatte.

„Geh in Deckung, David!", brüllte Till durch den Saal.

Was beobachtete Till?

DIE GEHEIMNISVOLLE INSEL

1. BEIM KLABAUTERMANN!

Am Samstagmorgen schaute Knut Jensen auf der *Meeresperle* vorbei.

„Donnerlittchen!", staunte er, als die Detektive ihm von ihrem Abenteuer im Kino erzählten. „Ein Glück, dass Till diese komische Waffe unter dem Mantel gesehen hat. Wie hieß die noch mal?"

„Paintball-Markierer", wiederholte Till bereitwillig. „Damit feuert man Farbkugeln ab. Aber der Doppelgänger konnte sowieso nicht schießen, weil Henning ihn sofort überwältigt hat."

„Der Mann hatte übrigens blaue Munition geladen", berichtete Leon. „Deshalb hatte er im Brief auch ein ‚blaues Wunder' angekündigt. Es war ein Kollege von David, der neidisch auf Davids Rolle als John Barlo ist."

Lena zeigte auf das neue John-Barlo-Filmplakat in der Kajüte.

„Der Film war super", schwärmte sie. „Und David hat uns eine Widmung draufgeschrieben. Der war sowieso total nett!"

Da rollte der alte Seebär gespielt mit den Augen. „Noch netter als ich? Beim Klabautermann, das kann nich' sein!"

Die Piranha-Piraten lachten.

„So, ich muss weiter. Treff' mich mit meinem Freund Kuddel zum Frühschoppen." Herr Jensen erhob sich und sein Blick fiel durch das Kajütenfenster. „Nanu, was ist denn da angetrieben worden?"

Was beobachtete Herr Jensen?

2. STRANDGUT

Jetzt sahen auch die Piranha-Piraten die Kiste am anderen Ende der Bucht. Sie lag noch halb im Wasser und verschwand immer wieder zwischen den Wellen, die sie umspülten.

„Das Ding ist garantiert leer." Leon reckte sich. „Einen Schatz haben wir noch nie gefunden, obwohl wir ständig am Strand sind."

„Jetzt müssen wir aber los, die Arbeit ruft." Seufzend setzte Lena Schumacher in ihre Tasche. „Sonst beklagen sich die Urlauber bei Mama und Papa wieder über den ganzen Müll, der durch den Sturm letzte Nacht angespült wurde."

„Na, dann viel Vergnügen, ihr Lieben!", wünschte Knut Jensen und machte sich auf den Weg.

Die Piranha-Piraten schnappten sich ihre Arbeitshandschuhe und Eimer und sprangen vom Kutter, um alte Flaschen, Plastikteile und morsche Holzstücke einzusammeln.

Neugierig blinzelte Lena noch einmal zu der Kiste hinüber. „Wisst ihr was, Jungs? Das Teil sieht aber anders aus als das gammelige Zeug, das wir sonst finden", murmelte sie – und wie auf Kommando eilten die Detektive zum Ende der Bucht.

„Die ist ja nagelneu!", rief Leon überrascht, als er die Kiste von Nahem beäugte.

„Also war sie nicht lange im Wasser." Till schaute zu Lena – und dann auf das noch immer aufgewühlte Meer hinaus. „Ich glaube, ich weiß, woher die Kiste kommt."

Woher kam die Kiste?

3. GEHEIMNISVOLLER INHALT

„Ich auch." Lena lachte. „Meine Haare zeigen ja die Richtung an. Der Wind bläst von der Insel genau hierher zum Strand."

„Ihr meint, die Kiste ist von der Harlings-Insel rübergetrieben worden?" Leon schüttelte den Kopf. „Dafür gibt es keinen Beweis. Sie könnte auch heute Nacht im Sturm von einem vorbeifahrenden Schiff gerutscht sein."

Die Detektive zogen Schuhe und Strümpfe aus, krempelten ihre Hosenbeine hoch und wateten in die Brandung, um den Fund ins Trockene zu ziehen.

„Besonders schwer ist sie nicht", stellte Leon enttäuscht fest.

Till untersuchte die Kiste von allen Seiten. „Es steht auch nicht drauf, was drin ist."

„Dann mach ich sie jetzt auf", entschied Lena und holte ihr Schweizer Taschenmesser heraus.

„Ähm, und wenn was Gefährliches rauskommt?" Till trat einen Schritt zurück. „Zum Beispiel Vogelspinnen?"

Doch Lena begann schon, den Deckel aufzuhebeln. Geschickt löste sie das erste Brett, hob es hoch – die Jungen hielten den Atem an – und im nächsten Moment ahnten die drei Freunde, was in der Kiste steckte.

Was enthielt die Kiste?

4. AUF DER INSEL

Lena hebelte ein zweites Brett hoch: Nun konnten die Detektive das englische Wort *Cigarettes* deutlich lesen.

„Die Marke hab ich noch nie gesehen." Till nahm eine Zigarettenstange, riss sie auf und zog ein Päckchen heraus. „Und die Päckchen haben kein Zollsiegel. Daran erkennt man Schmuggelware. Das weiß ich aus einem Krimi ..."

„Du meinst, wir sind Schmugglern auf der Spur?", rief Leon.

Till nickte und schaute wieder zur Harlings-Insel hinüber. „Wenn die Kiste von dort kommt, haben die Ganoven auf der Insel vielleicht ein Lager."

„Mist, die Brandung ist noch zu stark, um sofort rüberzusurfen!" Ärgerlich steckte Lena ihr Taschenmesser ein. „Kommt, wir tragen die Kiste zur *Meeresperle* und räumen dann den Strand auf. Vielleicht beruhigt sich das Meer bis zum Nachmittag."

Einige Stunden später konnten die Piranha-Piraten hinüber zur Harlings-Insel surfen, wo sie im Sommer oft wilde Brombeeren pflückten.

Jetzt suchten die Detektive die Insel nach Schmuggelgut ab – doch ohne Erfolg. Enttäuscht wollten sie gerade wieder auf ihre Surfbretter steigen, als Lena noch einmal zurückblickte.

Plötzlich zog sie die Augenbrauen hoch. „Dort liegt ja der Beweis, dass die Kiste von hier kommt!", rief sie.

Was sah Lena?

5. EINE VERRÄTERISCHE SCHACHTEL

Lena zeigte auf eine Zigarettenschachtel, die im Schilf dümpelte: „Die ist von derselben seltenen Marke wie die Stangen in der angespülten Kiste."

„Die Packung ist leer." Till pfiff durch die Zähne. „Bestimmt haben die Schmuggler hier irgendwo geraucht, bevor sie die Schachtel weggeworfen haben. Wir sollten die Insel noch mal absuchen ..."

„Aber wir haben keine Kisten gefunden", erinnerte ihn Leon.

„Diesmal müssen wir auf Kippen achten", erklärte Till. „Vielleicht können wir von dort, wo die Kerle beim Rauchen gestanden haben, einer neuen Spur folgen."

Meter für Meter suchten die Piranha-Piraten den Boden ab. Und schon bald entdeckte Leon vor einem Gebüsch vier vom Regen durchweichte Stummel der englischen Zigarettenmarke.

Lena schaute sich nach allen Seiten um. Vor den Büschen lag eine breite, steinige Bucht – und dahinter eine hohe Felswand.

„Warum haben die Kerle ausgerechnet an dieser Stelle geraucht?", überlegte Lena laut.

„Vielleicht lässt sich der Felsen mit einem Zauberwort öffnen", witzelte Leon. „So wie bei *Alibaba und die vierzig Räuber*."

„Gar keine schlechte Idee", meinte Till.

Was deutete auf eine Höhle hin?

6. IM HÖHLENLABYRINTH

„Treffer! Hier muss der Eingang zu einer Höhle sein!" Till zeigte seinen Freunden den schmalen Pfad, der zwischen den Büschen zur Felswand führte.

Nacheinander zwängten sich die Detektive durch das dichte Gestrüpp – und standen im nächsten Augenblick vor einer schmalen Felsspalte. Sie war gerade breit genug, dass ein Erwachsener hindurchschlüpfen konnte. Aus der dunklen Öffnung wehte den drei Freunden ein kühler Luftzug entgegen.

„Wollen wir reingehen?", fragte Till zögernd.

„Sieht unheimlich aus", murmelte Leon. „Wer weiß, auf was wir stoßen ..."

„Die Schmuggler können jedenfalls nicht in der Höhle sein." Lena kramte die Taschenlampe aus ihrem Rucksack. „Sonst hätten wir ein Boot oder so was gesehen. Kommt schon, Jungs!" Geschickt schlüpfte Lena durch die Felsspalte und die Jungen folgten ihr. Der Gang war länger, als die Detektive von außen vermutet hatten. Schließlich verzweigte er sich sogar.

„Das ist ja ein richtiges Höhlensystem", flüsterte Leon. „Wo geht es jetzt weiter?"

„Folgt einfach mir", sagte Lena. Denn im Schein der Taschenlampe hatte sie bereits erkannt, welchen Weg die Schmuggler eingeschlagen haben mussten.

Woran erkannte Lena den Weg?

7. DAS LAGER

Lena führte die Jungen in den linken Gang, der wohl so oft genutzt wurde, dass er frei von Spinnweben war.

Immer tiefer tasteten sich die Detektive in die Höhle vor – bis sich der Weg nach einer Biegung zu einem Raum weitete.

„Volltreffer!", raunte Till, als er die Kisten sah, die sich hier bis zur Decke stapelten.

„Wenn die alle voller Glimmstängel sind, reicht das für mindestens hundert Mal Lungenkrebs", meinte Leon.

„Soll ich eine Kiste zur Kontrolle öffnen?", fragte Lena.

Till schüttelte den Kopf. „Besser nicht. Sonst merken die Ganoven, dass wir ihr Lager entdeckt haben."

„Und was machen wir jetzt?", wollte Leon wissen. „Wir haben die Ware, aber noch keinen Hinweis auf die Täter. Und wir können uns schlecht auf die Lauer legen, bis die Kerle das Zeug holen. Da verschimmeln wir wahrscheinlich."

„Stimmt. Die Schmuggler kommen vielleicht morgen oder erst in zwei Monaten", gab Lena ihrem Bruder recht.

„Gib mir bitte mal die Taschenlampe, Lena", sagte Till. Er leuchtete den Kistenstapel noch einmal ab. „Schade, die Dinger hier sind genauso wenig beschriftet wie die Kiste am Strand ..."

„Stopp, Till!", rief Lena plötzlich und ihre Stimme hallte in der Höhle wider.

Was hatte Lena entdeckt?

8. DIE VERSCHLÜSSELTE NOTIZ

Aus einer Ritze zwischen den Kisten angelte Lena ein zusammen-geknülltes Papier hervor. „Vielleicht hilft uns das weiter!", hoffte sie, während sie es auseinanderfaltete.

Neugierig beugten sich die drei Freunde über das Blatt: Tqübtuf Juarwbm Niefwb tqübtuf Zgem Jügkweviebm Tzn Arlerwvwjwem. Die Piranha-Piraten guckten sich gegenseitig ratlos an.

„Das ist ein Geheimcode", murmelte Leon. „Kommt, wir düsen nach Hause und schauen, was wir im Internet dazu finden."

Über zwei Stunden hockten die Detektive an Leons Computer und verglichen verschiedene Geheimschriften mit der gefundenen Notiz. Sie versuchten den Zahlen-Code und den Trenn-Code, den Vokal-Code, den Stab-Code und noch viele mehr: Doch mit keinem ließ sich die Nachricht entschlüsseln.

„Ich wusste gar nicht, dass es so viele Geheimschriften gibt", stöhnte Lena schließlich. „Bald hab ich keine Lust mehr."

„Aber irgendwie muss sich diese Nachricht knacken lassen", beharrte Leon. „Ich probier jetzt den Tasten-Code aus. Dabei wird der tatsächliche Buchstabe immer durch einen Buchstaben ersetzt, der auf der Tastatur links oder rechts davon liegt. Ich fange mit rechts an ..."

Gespannt verfolgte Till, was auf dem Bildschirm erschien: „Voll-treffer!", jubelte er schon nach dem ersten Wort.

Wie lautete die vollständige Nachricht?

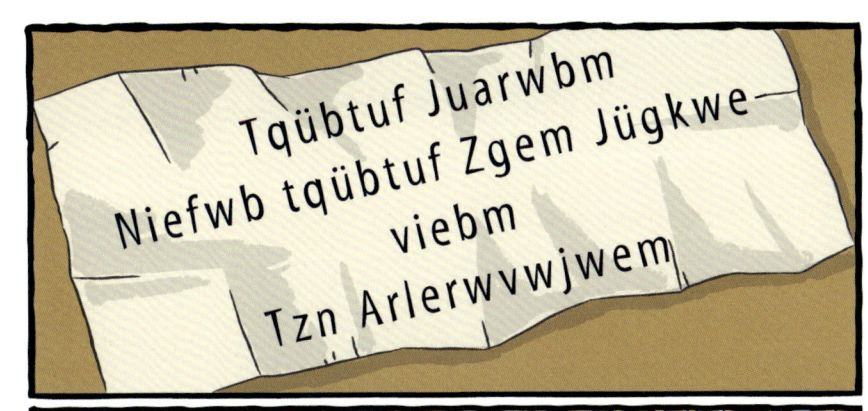

9. ZUR TARNUNG EIN EIS

„Zwanzig Kisten. Morgen zwanzig Uhr. Kahlerborn. Zum Störtebeker", las Leon vor, als die Nachricht entschlüsselt war.

Till pfiff durch die Zähne. „Der Zettel sieht ganz neu aus. Vielleicht ist er von gestern – dann wäre mit morgen schon heute gemeint!"

„Hä?", fragte Leon. „Ich verstehe nur Bahnhof!"

„Ist doch klar!", rief Lena und schaute auf die Uhr. „Die Kiste haben die Schmuggler gestern im Sturm auf der Insel verloren. Also ist dieser Zettel vielleicht auch gestern in der Höhle liegen geblieben. Dann würde die heiße Ware heute nach Kahlerborn geliefert werden. In genau einer Stunde! Wir rufen Henning an!"

Die Turmuhr der Kahlerborner Kirche schlug gerade acht Mal, als vor der Kneipe *Zum Störtebeker* ein Lieferwagen hielt. Nur ein paar Meter entfernt saßen die Piranha-Piraten auf einer Bank und schleckten zur Tarnung Eis – während Henning mit seinem Kollegen hinter einer Hecke im Streifenwagen wartete.

Lenas Handy klingelte. „Sind das die Verdächtigen?", erkundigte sich Henning durch den Hörer.

„Kann ich noch nicht sagen", erwiderte Lena leise. „In dem Wagen kann ja alles Mögliche sein. Bier oder ..."

Da flog etwas durch das offene Beifahrerfenster.

„Ferkel", entfuhr es Lena zuerst. Doch dann kicherte sie ins Handy: „Ihr könnt kommen, Henning."

Welchen Hinweis entdeckte Lena?

EINBRUCH IN DER SCHULE
1. GENAU BEOBACHTET

Es war ein sehr schwüler Morgen. Till und die Zwillinge bogen gerade auf den Schulhof ein, als in der Ferne der erste Donner grollte.

„Hallo, ihr drei!", wurden die Piranha-Piraten von ihrer Musiklehrerin begrüßt, die heute Hofaufsicht führte. Sie deutete zu den Wolken hinauf. „Das gibt wohl bald einen kräftigen Schauer. Ach, übrigens, ich habe gehört, dass ihr Zigarettenschmugglern auf die Schliche gekommen seid. Wie habt ihr das denn geschafft?"

„Wir hatten herausgefunden, dass die Ganoven eine seltene Marke schmuggelten", erklärte Leon. „Und als dann so ein Stummel aus dem Wagen geworfen wurde, den wir beobachteten, war klar, dass die Ganoven darin saßen –"

Er wurde von lautem Donner unterbrochen – diesmal so bedrohlich, dass die Lehrerin besorgt zum Himmel schaute. „Entschuldigt bitte, aber ich werde die Schüler lieber ins Schulgebäude lassen", sagte sie und eilte zur Eingangstür.

„Gehen wir auch rein?", fragte Till die Zwillinge.

Doch Lena hatte ihm gar nicht richtig zugehört. „Jungs, das da oben am Himmel ist nicht das einzige Gewitter, das gerade aufzieht", meinte sie leise.

Was hatte Lena beobachtet?

2. DER NEUE HAUSMEISTER

In einer Ecke des Schulhofes stand der neue Hausmeister und redete mit mürrischer Miene auf den Direktor ein.

„Was will denn der Blödel vom Direx?", fragte Till.

Blödel hieß eigentlich Herr Bledel. Aber so nannte den unangenehmen Mann keiner der Schüler.

Leon zuckte mit den Schultern. „Keine Ahnung. Vielleicht sind die Toiletten schon wieder verstopft. Oder die Pausenmilch ist sauer geworden, als sie den Blödel heute früh gesehen hat. Ich kann ihn jedenfalls nicht leiden."

„Wer kann das schon", stimmte ihm Lena zu. „Wenn ich daran denke, wie nett das alte Hausmeisterpaar war ..."

„... und wie lecker ihr Butterkuchen ..." Leon rieb sich sehnsüchtig den Bauch.

Sie sahen, dass der Direktor dem Hausmeister hinter das Schulgebäude folgte.

„Die Sache macht mich neugierig. Kommt, wir schauen mal, was da los ist", schlug Lena vor.

Kurz darauf bogen die Piranha-Piraten um die Ecke, hinter der sich die Sporthalle befand.

„Ach du Schreck! Seht ihr, was ich sehe?", fragte Lena die Jungen.

Was fiel Lena auf?

3. EINGEBROCHEN!

„Die Glastür zur Sporthalle ist zersplittert", gab Lena sich selbst die Antwort. „Da wurde eingebrochen!"

„Keine voreiligen Schlüsse, Schwesterherz", meinte Leon. „Könnte auch ein scharf geschossener Ball gewesen sein."

Die drei gingen hinter einem Papiercontainer in Deckung. Kopfschüttelnd betrachtete der Direktor noch immer den Schaden.

„Drinnen wurde außerdem die Umkleidekabine der Lehrer aufgebrochen", berichtete ihm der Hausmeister.

„Nun, etwas Wertvolles kann daraus ja nicht gestohlen worden sein", meinte der Direktor ein wenig erleichtert.

Der Hausmeister räusperte sich. „Leider doch. Im Spind waren ungefähr dreißig Handys eingeschlossen."

„Dreißig Handys?", rief der Direktor entsetzt. „Wieso denn das?"

„Also ... das kam so", begann der Hausmeister verlegen. „Gestern hatte Frau Farber Sportunterricht mit der 9b. Und da nervte sie das ständige Klingeln der Handys ihrer Schüler so, dass sie die Geräte einsammelte und wegschloss." Bledel räusperte sich erneut. „Eigentlich wollte Frau Farber die Handys gleich nach dem Unterricht zurückgeben. Aber Sie wissen ja, dann hat sich dieses blonde Mädchen den Arm gebrochen und vor lauter Aufregung dachte keiner mehr an die Handys."

Till stupste die Zwillinge an. „Mir fällt gerade was auf", flüsterte er. „Da stimmt etwas nicht."

Welchen Hinweis entdeckte Till?

4. FALSCHE SPUREN

Lena und Leon erkannten nicht sofort, was Till meinte.

„Die Scherben müssten bei einem Einbruch von außen nach innen gefallen sein", erklärte Till leise. „Sie liegen aber vor dem Gebäude. Also wurde die Scheibe von innen eingeschlagen."

Die Zwillinge starrten Till an. „Du meinst also ...", begann Lena.

„... da hat jemand falsche Spuren gelegt", vervollständigte Leon.

„Woher wissen Sie über die Angelegenheit mit den Handys eigentlich so gut Bescheid?", erkundigte sich der Direktor in diesem Moment beim Hausmeister.

„Ich habe während Frau Farbers Unterricht in der Turnhalle eine Glühbirne ausgewechselt", brummte Bledel. „Und dann musste ich ja den Krankenwagen für das Mädchen rufen."

Es läutete zur ersten Stunde.

„Ach so, ja. Dann rufen Sie jetzt bitte auch die Polizei, damit sie den Schaden aufnimmt", bat der Direktor. Es donnerte erneut und erste Regentropfen fielen. „Ich muss in den Unterricht."

„Wir leider auch", flüsterte Lena.

Die Detektive krochen aus ihrem Versteck und folgten den beiden Männern mit etwas Abstand ins Schulgebäude. Aufmerksam beobachteten sie, wie der Hausmeister in sein Büro ging und verstohlen einen Fetzen Papier aus der Brieftasche zog. Dann tippte er eine Nummer in sein Handy.

„Die Polizei ruft unser Haustyrann nicht an", erkannte Till.

Wie kam Till darauf?

5. AUSGEFLOGEN

„Das ist ein Stück Zeitung, von dem er die Nummer abliest. Aber die 110 kennt doch jedes Kind", murmelte Till, während die Piranha-Piraten an der Glasscheibe des Büros vorbeiliefen.

„Kommt mir auch spanisch vor, wie der sich verhält", meinte Lena.

„Dabei sollte es dir eigentlich englisch vorkommen", witzelte ihr Bruder. „In drei Minuten schreiben wir unsere Englischarbeit." Draußen regnete es jetzt in Strömen und drinnen stürmten die drei Freunde in den ersten Stock hinauf.

Die Klassenarbeit war glücklicherweise nicht sehr schwer. Und nach zwei Stunden Bio hatten die Detektive noch einmal Glück: Der Kunstunterricht fiel aus und die Schüler durften nach Hause!

Während die anderen Mädchen und Jungen so schnell wie möglich die Schule verließen, eilten die Piranha-Piraten zum Büro des Hausmeisters zurück. Schon von Weitem sahen sie, dass der Raum verlassen war. Dafür baumelte das Schild „Bin bald zurück" an der Glasscheibe.

„Vielleicht ist er irgendwo auf dem Schulhof", überlegte Leon laut.

Sie streckten ihre Nasen durch die Eingangstür. Draußen schien längst wieder die Sonne.

„Ach, guck an." Lena zeigte zu der Stelle, an der sonst das Motorrad des Hausmeisters stand. „Blödel ist weggefahren."

„Aber lange ist das nicht her", kombinierte Till.

Worauf spielte Till an?

6. DER REIFENABDRUCK

Der Hausmeister war mit seinem Motorrad durch eine Pfütze gerollt – und die nasse Reifenspur war trotz der strahlenden Sonne noch nicht getrocknet.

„Wir könnten uns in seinem Büro umschauen", schlug Lena vor. „Vielleicht finden wir etwas Verdächtiges."

„Ich habe mir während der Englischarbeit auch überlegt, dass er der Täter sein könnte", sagte Till.

„Na, auf deine Note bin ich gespannt", meinte Leon trocken. Till zog eine Grimasse.

Die Piranha-Piraten schlichen zurück. Kein Mensch war zu sehen. Nur ab und zu drang aus den Klassenzimmern dumpfes Gemurmel auf die Gänge hinaus.

Leise drückte Lena die Klinke zum Hausmeisterbüro herunter, doch die Tür war verschlossen.

„Wäre auch zu einfach gewesen", murmelte Leon.

Till drückte sich an der Scheibe die Nase platt. „Mich würde interessieren, was auf diesem Stück Zeitung stand und wen Blödel da angerufen hat", nuschelte er. „Das würde uns bestimmt weiterhelfen."

Auch Lena äugte in das Büro. „Nichts zu sehen."

Da stutzte Till – und begann zu kichern. „Treffer! Nichts zu sehen, bringt uns in diesem Fall hoffentlich auch weiter. Im Büro fehlt nämlich etwas, was vor dem Unterricht noch da war!"

Was fehlte im Hausmeisterbüro?

7. DAS BEWEISSTÜCK IM PAPIERCONTAINER

„Du sprichst mal wieder in Rätseln", bemerkte Leon.

„Ja, geht es etwas verständlicher?", bat diesmal sogar Lena.

„Okay." Till wurde wieder ernst. „Vor dem Unterricht steckte eine Zeitung im Papierkorb. Und nun ist er leer ..."

Leons Augen begannen zu leuchten. „Du meinst, der Blödel hat den Inhalt in den Papiercontainer geschüttet!"

Sofort flitzten die Detektive hinter das Schulgebäude. Mit einem Ruck schoben sie den schweren Deckel der Papiertonne nach hinten und beugten sich neugierig über den fast vollen Behälter. Gleich obenauf lag eine Zeitung. Lena angelte danach und begann aufgeregt zu blättern.

„Da!", riefen die drei Freunde gleichzeitig, als Lena eine Seite aufschlug, an der die rechte untere Ecke abgerissen war.

„Sehr gut. Jetzt laufen wir zu Frau Moll und besorgen uns die gleiche Zeitung noch mal", beschloss Lena. „Dann sehen wir, was auf dem Papierfetzen stand ..."

Else Moll gehörte der kleine Laden neben der Schule, in dem sich alle Kinder mit Schreibwaren und Süßigkeiten eindeckten. Und so standen die Detektive kurz darauf auf dem Gehweg, setzten ihre schweren Ranzen ab und begannen sorgfältig, die gekaufte Zeitung zu studieren.

„Ich glaube, ich hab's", sagte Leon plötzlich.

Worum ging es in der gesuchten Anzeige?

8. MÖWENSTRAßE 13

Lena las die Anzeige vor: „Sie brauchen schnell Bargeld? An- und Verkauf gebrauchter Gegenstände bei E. Kosanke, Möwenstraße 13. Öffnungszeiten Montag bis Freitag, 9 bis 12 Uhr. Telefonnummer ..."

„Jetzt verstehe ich, warum der Blödel unbedingt während der Unterrichtszeit wegmusste." Till stand auf. „Kommt, wir fragen Frau Moll, wo die Möwenstraße ist."

Die Möwenstraße sah nicht sehr einladend aus. Leere Plastiktüten wurden vom Wind über das Pflaster getrieben. Und die Schaufenster der meisten Läden waren schon lange nicht mehr geputzt worden.

„Reizende Gegend", flüsterte Leon, denn es war hier unheimlich still. „Wusste gar nicht, dass es in unserer Stadt solche Schmuddelecken gibt."

Das Motorrad des Hausmeisters stand vor einem tristen Haus. Neben dem Schaufenster hing ein Schild: E. Kosanke, An- und Verkauf.

„Und was nun?", fragte Leon. „Wir müssten Blödel bei der Übergabe der Handys beobachten, um Beweise zu haben. Aber wir können unmöglich direkt durch das Schaufenster starren."

„Stimmt." Till guckte noch einmal prüfend die Straße entlang – und pfiff dann leise. „Vielleicht gibt es eine andere Möglichkeit, unseren Hausmeister auf frischer Tat zu ertappen."

Wie wollte Till in den Laden schauen?

9. DAS SPIEGELBILD

Die Piranha-Piraten schlenderten zu einem Spiegelgeschäft. Es lag Kosankes Laden genau gegenüber.

„Schaut mal nach oben", murmelte Till, während er so tat, als würde ihn die Auslage des Geschäftes interessieren. „Seht ihr, was ich in dem großen ovalen Spiegel sehe?"

Die Zwillinge waren beeindruckt. „Ich kann in Kosankes Laden gucken", staunte Lena. „Das ist ja irre!"

„Nein, das ist Physik", scherzte Leon. „Und wir haben Glück, dass wenigstens der Spiegelverkäufer ein Freund von Sauberkeit ist. Sonst hätten wir trübe Aussichten."

Till seufzte. „Die habe ich auch so. Oder seht ihr Blödel im Verkaufsraum?"

„Fehlanzeige. Und hinter der Ladentheke steht auch kein Kosanke", antwortete Leon.

Lena kniff die Augen zusammen. „Irgendwo müssen die beiden aber doch stecken." Sie begann, das ovale Spiegelbild Stück für Stück abzusuchen – und plötzlich hellte sich ihre Miene auf. „Ich weiß, wo sie sind!", platzte Lena heraus. „Wir rufen sofort Henning an ..."

Wo steckten die Ganoven?

10. DER TÜRSPALT

Am Nachmittag hingen sechs kleinere und vier große Füße von Bord der *Meeresperle*. Sie waren nackt und baumelten vergnügt im Sonnenschein.

„Wieder ein Fall gelöst", freute sich Till und blinzelte zur Piranha-Piraten-Flagge hinauf, die im Wind flatterte.

„Ja, als ich die Handys und die zwei dampfenden Kaffeetassen auf dem Tisch durch den Türspalt gesehen habe, war alles klar", erzählte Lena dem alten Jensen. Sie kicherte, weil Schumacher an ihrem Ohr knabberte.

„Jetzt muss sich unser Direktor nur noch um einen neuen Hausmeister kümmern. Und vielleicht verkauft der Neue wieder leckeren Butterkuchen", hoffte Leon sehnsüchtig.

Henning lachte. „Na, wenn du so gerne Butterkuchen isst, bringe ich nächstes Mal ein ganzes Blech davon mit. Zur Belohnung für euch alle."

„Ja, das habt ihr Piranha-Piraten euch wirklich verdient. Ihr seid tolle Kerle!", meinte der alte Seebär bewundernd – und guckte im nächsten Augenblick entschuldigend zu Lena. „O, Pardon, und natürlich ein tolles Mädchen!"

NOCH MEHR SPANNENDE DETEKTIV-FÄLLE!

978-3-7432-1341-8

Gespenster gibt es nicht. Eigentlich. Doch was spukt dann durch den verfallenen Turm einer alten Burg? Klar, dass Lena, Leon und Till das unbedingt herausfinden wollen! Kaum ist das geschafft, stecken sie schon mittendrin im nächsten Fall: Bei einem Kletterwettbewerb geht es nicht mit rechten Dingen zu. Können die Detektive aufdecken, wer dahintersteckt?